W0052858

Sabine Niese

Solange mein Herz für euch schlägt

Für Gabriel, Steffen und Christian

Inhalt

Vorwort 9
Einleitung 13
Stehen gelassen 15
Service-Support 25
Tod, was ist das? 33
Liebe, begehrte Sicherheit 47
Lass uns was Verrücktes machen 59
Ein Fisch an der Angel 67
Gefesselt 77
Kuchenrezept 83
Geschätzter Herr Geduld 89
Frau Angst von Panik 97
Traummann 103
Ärsche und die Welt von unten 113
Lieber großer, rechter Zeh 127
Schuldig 137
Unbekannte 155
Solange die Welt sich dreht 177
Liebe Spontanität 187
Heiß geliebte Hoffnung 197
Hallo ALS 201
Brief an meine Kinder 207

Vorwort

Ich liege hier und der Regen prasselt an meine Fenster. Eine Weile schaue ich zu, wie die Regentropfen an dem Glas hinunterkrabbeln.

Was ist eigentlich der Sinn von Regen? Natürlich ist er wichtig, denn ohne Regen würde alles fad aussehen und sich in Wüsten verwandeln. Nicht umsonst bedeutet Wasser auch Leben.

Es inspiriert mich, mit diesem einen glitzernden Regentropfen Freundschaft zu schließen. Ich beobachte, wie er an meiner Scheibe herunterkriecht und gleich in dem Gitter vor meinem Fenster verschwinden wird. Ich denke über sein Leben nach. Ich stelle mir vor, wie dieser Regentropfen aus seiner Wolkenmutter geboren wird. Und mit ihm unzählige Geschwister. Zusammen stürzen sie sich auf die Welt. Unten auf der Erde angekommen, will er sich mit seinen Geschwistern treffen, um gemeinsam eine Pfütze zu bilden. Dort werden sie dann warten, bis die Sonne erscheint, sie wohlig wärmt und sie schließlich verdampfen, als Nebel aufsteigen und so zu ihrer Mutterwolke zurückkehren.

Doch was ist nun mit diesem einen Regentropfen da an meiner Scheibe passiert? Er wurde vom Wind in eine andere Richtung gepeitscht, irrte durch die Luft und klatschte dann gegen die Scheibe meiner Balkontür. Am Ende wartet das Metallgitter auf ihn, er wird sich nicht mit seinen Geschwistern in einer Pfütze treffen. Er wird durch die Regenrinne gejagt und irgendwann im Boden versickern. Wenn er dann tief genug versickert ist und nach dieser angstvollen Reise endlich das Grundwasser erreicht, wird er vielleicht wieder Hoffnung schöpfen. Dann wird er mitgerissen zu einer Quelle, die in einen Fluss mündet. Erst dort wird er das Tageslicht wiedersehen. Er wird in den Himmel schauen und sich wünschen, bald wieder bei seiner Mutter zu sein. Irgendwann ist die Sonne stark genug, er kann verdampfen und als Nebel wieder aufsteigen, um wieder geboren zu werden.

Diese Geschichte hat ein gutes Ende.

Ich atme tief durch, denn ich bin dankbar, dass mein Freund, der Regentropfen, sein Happy End gefunden hat. Mein Blick fällt auf meinem Balkon, auf die Steinplatten. Auch dort schlägt gerade ein großer Regentropfen auf. Ich habe mich so in diese Geschichte hineingesteigert, dass ich am liebsten aufstehen würde, um nachzusehen, wie es diesem Regentropfen ergeht. Aber ich kann nicht aufstehen.

Mittlerweile bin ich nicht mehr in der Lage zu laufen, mein Kopf ist zu schwer, um ihn selbst zu halten, das Essen ist mühsam, ich verschlucke mich oft, meine Schultern versagen, meine Hände werden schwerfällig. Es gibt nicht mehr viele Optionen.

Ich kenne meine Diagnose seit etwa drei Jahren: amyotrophe Lateralsklerose, kurz ALS. Diese Krankheit möchte mein Leben bald beenden.

Ich habe mein Leben, das Leben, dieses neue Leben, betrachtet und kennengelernt. Ich habe neu abgewogen, was mir wichtig ist. Ich habe jetzt andere Prioritäten als vielleicht noch vor vier Jahren, dennoch bin ich immer noch eine Frau, Mutter und Ehefrau, die mit diesem neuen Leben, den Veränderungen, den immer kleiner werdenden Optionen zurechtkommen muss. Durch meine stark verkürzte Lebenszeit lerne ich nun Gefühle anders kennen, manchmal überrennen und überwältigen sie mich in einer ungeahnten Dimension. Erinnerungen sind nun Schätze von unbezahlbarem Wert. Und all das, was selbstverständlich war, ist es für mich nun nicht mehr.

Ich versuche jeden Tag das sonnige Leben, das mir durch meine Kinder und meine Familie und den Menschen, die mich begleiten, begegnet, mit meinem schwerfälligen Körper und der dunklen Regenwolke, die über uns schwebt, zu verbinden. Und an manchen Tagen entsteht daraus ein wunderschöner Regenbogen!

Seit fast drei Jahren schreibe ich Tagebuch, Briefe an mich und Gedichte, und so werde ich in diesem Buch immer wieder Zitate, Briefe und Gedichte einbringen, um von den Stationen und Gefühlen meines »neuen Lebens« mit der Krankheit zu erzählen. Ich hoffe, dass ich damit die Gefühle zu dir transportieren kann.

Dieses Buch ist für mich die Möglichkeit, etwas ganz Persönliches zu hinterlassen.

Einleitung

Hallo Prinzessin,

du schlägst die Augen auf und schon steht jemand bereit.

Dein Essen wird zubereitet, mundgerecht geschnitten und dir gereicht. Es wird sich danach erkundigt, wie es dir geht und was du heute tun möchtest. Jeder Wunsch wird dir buchstäblich von den Augen abgelesen.

Nachdem du gegessen und getrunken hast, folgt die Morgentoilette. Du wirst gewaschen, deine Haare werden gekämmt und frisiert. Deine Haut wird eingecremt und ein zartes Make-up wird dir aufgelegt.

In aller Ruhe kannst du entscheiden, was du anziehen möchtest. Und auch das Anziehen wird dir abgenommen.

Nun begibst du dich auf deinen Thron, nachdem man dir deine Krone aufgesetzt hat.

Wenn du dich dazu entschließt, hinauszugehen, folgt dir dein Hofstaat. Immer bemüht, dir deinen Weg so angenehm wie möglich zu gestalten. Der Weg wird dir durch Menschenansammlungen gebahnt, Unebenheiten im Asphalt werden vorausschauend erkannt, du wirst vor zu starker Sonne geschützt und bei Regen wird dir der Schirm gehalten.

Bist du müde, wird dir das Bett aufgeschlagen, das Kissen gelockert und du wirst sanft zu Bett gebracht.

Bevor du einschläfst, bedankst du dich, denn dein Hofstaat sind dein Mann und deine Familie, die dich liebevoll pflegen. Deine Sänfte ist ein elektrischer Rollstuhl und deine Krone ist ein am Rollstuhl befestigtes Stirnband, das deinen Kopf oben hält. Deine Wünsche werden dir tatsächlich von den Augen abgelesen, und zwar von deinem Sprachcomputer.

Stehen gelassen

Stehen gelassen
da stehe ich nun, stehen gelassen vom Glück
denn es ließ mich hier allein zurück
Angst, Armut, Abschiedsschmerz
Glas, geknallt, gebrochenes Herz
Verlust, Verdruss, verlieren
Sommer, Schein, trotz Wärme frieren
nichts, niemand, Nutzlosigkeit
Fremde, Folter, keiner, der mich befreit
Berg, Blockade, bewegungslos
dunkel, Dunst, Dämonen riesengroß
zerkleinert, zerknüllt, zerrissen
Wirrwarr, Wollknäuel, den Weg nicht mehr wissen
mutlos, matt, mitgenommen
knirschen, kippen, alle Träume zerronnen
Pulle Bier, Pralinen, Konfekt
Tiefschlaf, träumen, Hoffnung, die mich sanft erweckt.

Meine große Hoffnung war, dass es eine behandelbare, heilbare Krankheit ist. Wie konnte das nur passieren?, fragte ich mich. Habe ich das etwa gewollt? Ich wollte nur eines, wieder gesund werden. Wozu gibt es Krankenhäuser und Ärzte? Ich fühlte mich wie in einem Film. Irgendjemand hatte den Koffer am Bahnhof vertauscht. Diese Szene bekam ich nicht aus meinem Kopf: Da bleibt plötzlich ein Mann im Trenchcoat neben mir stehen, er stellt seinen Koffer ab, der genau so aussieht wie meiner, schaut einmal nach links, dann nach rechts, nimmt statt seinem nun meinen Koffer und verschwindet. Ich greife nach dem Koffer, ohne bemerkt zu haben, dass er vertauscht wurde, steige in den Zug des Lebens und denke auch noch, ich wüsste, welche Haltestelle als nächste kommt. Ich mache mir keine Sorgen, denn mit meiner Fahrkarte, die im Koffer ist, werde ich mein Ziel schon erreichen. Doch wie das Leben so spielt, werde ich kontrolliert. Ich soll meine Fahrkarte vorzeigen. Aber ich scheitere an dem Zahlenschloss des Koffers. Und so werde ich mit einem Mal aus dem Zug des Lebens geschmissen. Ich stehe an einer unbekannten Station, während mein bisheriges Leben wie ein D-Zug im Nichts verschwindet.

Mit »Nichts« meine ich wirklich das Nichts.

Nach Monaten ohne Diagnose, aber auch nicht mehr in der Lage, mein Geschäft weiterzuführen, waren wir pleite. Jörg, mein Mann, konnte die Banken ein paar Wochen hinhalten, aber das reichte natürlich nicht. Wir verloren unser Haus, mussten unsere Lebensversicherung kündigen und konnten schon bald nicht mal mehr die wichtigsten Rechnungen bezahlen. Nicht nur, dass ich durch die Krankheit immer schwächer wurde, wir waren auch seelisch durch die ganze Situation und Ungewissheit extrem belastet. Der materielle Verlust war das eine, aber sich der Sache überhaupt nicht gewachsen zu fühlen, total überfordert zu sein, das andere. Die Fragen, wie es finanziell, aber auch gesundheitlich und mit unserem Leben überhaupt weitergehen sollte, nagten furchtbar an uns. Alles war so fürchterlich. Die Sorge um unsere Kinder ließ alle anderen Sorgen noch größer erscheinen. Was sollte man ihnen sagen und wann? Sie merkten ja längst, dass wir uns gar nichts mehr leisten konnten, die kleinste Kleinigkeit nicht mehr drin war und auch, dass mit ihrer Mutter irgendetwas nicht stimmte. Wie erklärt man Kindern, dass man finanziell und gesundheitlich am Ende ist?

Wir wurden wirklich aus der Bahn geworfen. Da standen wir nun auf einem uns völlig unbekannten Bahnhof in einer uns fremden Welt, in der nichts mehr so war wie zuvor. Alles war anders, und es fühlte sich an wie eine Art Zwischenwelt.

Gefühlsmäßig stand ich auf einer Hängebrücke. Hinter mir mein gewohntes Leben. Belastbar, gesund, mit Zukunftsplänen. Vor mir Nebel, Verwirrung, Unsicherheiten und Ängste. Unter mir der Abgrund. Jede Bewegung, jeder Gedanke brachte die Brücke zum Wanken. Wir mussten alles loslassen, um wenigstens uns und die Kinder davor zu bewahren, nicht auch in den Abgrund zu stürzen. Alles Vertraute, alles, was wir hatten, was wir kannten, was uns Sicherheit gegeben hatte, rauschte an uns vorbei in den Abgrund, um mit einem riesigen Knall irgendwo tief unten zu zerschellen. Unsere Pläne, unser Haus, unsere gemeinsame Zukunft, meine Gesundheit, alles futsch. Verzweifelt sahen wir hilflos den Trümmern unseres Lebens hinterher. Wie bei einem Erdbeben stieg eine riesige Staubwolke auf, die uns einhüllte und noch mehr Sorgen verursachte. Wir konnten kaum atmen, die Wolke hinterließ einen bitteren, trockenen Geschmack im Mund. Wir klammerten uns aneinander und an den vertauschten Koffer, denn der war so gut wie das Einzige, was wir noch hatten.

Am 30. April 2009 wurde das Zahlenschloss des Koffers geknackt, die Diagnose verkündet. Falscher Koffer, falscher Zug, falsches Leben, es hörte nicht auf.

Aus dem Befund:

»(...) in der Flair und der t2w zeigen sich abnorme strichförmige, seitengleiche Signalsteigerungen am hinteren Schenkel der Capsula interna und in den Crus cerebri bds (...) (...)

eindeutige gliöse Veränderungen entlang der Pyramidenbahn bds (...)«

Dies soll nach Literaturangaben pathogonomisch für eine ALS sein!

» (...) anhand der Anamnese, der elektrophysiologischen Befunde mit Denervationszeichen und Spontanaktivitäten in verschiedenen Muskelgruppen und Schädigungszeichen des 2. und fraglich auch des 1. Motoneurons, bestätigte sich der v. a. eine systemische degenerative Motoneuronenerkrankung / ALS (...) In Zusammenschau der klinischen und elektrophysiologischen Befunde begannen wir mit einer medikamentösen Therapie mit Riluzol (...) Bezüglich der chronisch-degenerativen Erkrankung und der daraus resultierenden Belastung im alltäglichen Leben wurde der Sozialdienst eingeschaltet und mit der Patientin über das weitere Vorgehen gesprochen. In einem ausführlichen Abschlussgespräch im Beisein der Eltern wurde über den Schweregrad der Erkrankung gesprochen.«

Wahrscheinlich sollte ich an dieser Stelle nun so etwas schreiben wie: Wir waren total geschockt und konnten es nicht fassen, haben zusammen geweint und uns gefragt, wie es weitergeht ...

Ich glaube, meine Eltern waren wirklich geschockt und tieftraurig. Aber ich? Ich war eigentlich gar nichts. Immer noch dachte ich, das ist eine Verwechslung, das wird sich demnächst aufklären. Über wen sprechen die eigentlich?

Nur eines ist bei mir angekommen: »Frau Niese, genießen Sie jeden Tag und machen Sie es sich so schön wie möglich!«

Damals ahnte ich noch nicht, wie oft ich später schmerzlich an diese Empfehlung denken würde. Vielleicht habe ich mir diesen Satz auch einfach gemerkt, weil er das Positivste war, was in diesem Gespräch gesagt wurde. Alles andere war zwar auch irgendwo in meinem Kopf, aber es war wie bei den Matheformeln früher in der Schule, ich konnte es einfach nicht verstehen. Wahrscheinlich hatte ich so was wie »Diagnosesthenie«. Selbst wenn man dann irgendwann was kapiert, kapiert man den Weg dahin nicht wirklich und das Grundsätzliche daran erst recht nicht. So erging es mir auf jeden Fall.

Der Weg dahin ... war erst schleichend und dann auf einmal rasend schnell. Im Nachhinein betrachtet hätte es mir viel früher auffallen müssen, dass ich irgendwann auf meine hochhackigen Schuhe verzichtete. Ich tat das gar nicht bewusst. Obwohl ich mich schon gelegentlich über Schmerzen in der Wade beklagt hatte. Dennoch war das für mich kein wirklicher Grund zur Sorge gewesen. Irgendwann hatte ich auch abends im Bett bemerkt, dass an manchen Stellen meine Muskeln zuckten, aber Gedanken habe ich mir auch darüber nicht weiter gemacht. Meiner Meinung nach durften Muskeln nach einem 13-Stunden-Tag zucken, wenn sie sich endlich im Bett entspannten. Nachdenklich wurde ich erst, als mich eine Kundin ansprach, der aufgefallen war, dass ich leicht humpelte, mein Bein, ihrer Beobachtung nach, etwas nachzog. Dazu kam eine Schwäche in meinem rechten Arm. Arbeiten, für die ich sonst zwei Stunden brauchte, dauerten nun vier bis fünf Stunden. Kleine, genaue Dinge konnte ich nur mit höchster Konzentration verrichten, da ich einen beachtlichen Tatter in der rechten Hand entwickelt hatte. Die Spaziergänge mit den Hunden wurden kontinuierlich kürzer und Treppen wurden bald zu einem kaum zu überwindenden Hindernis. Ich fühlte mich kraftlos und erschöpft.

Aber so eine Diagnose? Auf so etwas war ich ganz und gar nicht vorbereitet. In meiner Welt ging man zum Arzt, um wieder gesund zu werden.

Ich verstand diese Diagnose nicht nur nicht, dieser Datenfluss legte mein Gehirn regelrecht lahm. Ähnlich wie bei der Schockstarre von Tieren reagierte mein Gehirn auf diese Informationen damit, sich erst mal tot zu stellen.

Heute kann ich mich nur noch an Bruchteile meines damaligen Krankenhausaufenthaltes erinnern, als die Diagnose gestellt wurde. Ich erinnere mich noch an die Namen der Ärzte. Daran, dass ich das Gefühl hatte, ab dem dritten Tag eine Sonderstellung zu genießen. Alle waren sehr nett zu mir, nahmen sich viel Zeit für mich.

Ich kann mich noch an die Elektromyografie-Untersuchung erinnern. In alle möglichen Stellen meines Körpers wurden Nadeln gesteckt. Es tat nicht weh, aber es war auch nicht besonders angenehm. Mehrere Ärzte waren anwesend und beratschlagten über die Ergebnisse aus den verschiedenen Einstichstellen. Mir sagte das alles nichts und ich fragte mich, wie man mit so einer Untersuchung wegweisende Erkenntnisse gewinnen wollte. Zum Schluss erkundigte ich mich, ob sie nun irgendetwas herausbekommen hätten. Der Chefarzt konnte mir auf jeden Fall bestätigen, dass ich nicht psychisch krank sei. Na bitte, dachte ich, sag ich doch!

Ich fragte, ob ich nun endlich Medikamente bekäme, damit es mir bald wieder besser ginge. Falls nicht, dann würde ich doch lieber die psychische Variante nehmen … hahaha. Der Arzt fand das überhaupt nicht lustig, ich im Nachhinein allerdings auch nicht. Ich glaube, als der Arzt etwas unsicher auf den Boden schaute und mir dann sagte, dass es sich so schnell nicht beheben ließe, wurde ich das erste Mal misstrauisch. Aber hey, das Wetter war, obwohl wir April hatten, bestens, und mein Mann wollte schon da sein, um mich zu besuchen. Also schnell weg mit den doofen Gedanken.

Innerlich war ich beunruhigt. Ich hatte das sichere Gefühl, dass sich hier etwas nicht so entwickelte, wie ich mir das vorgestellt hatte. Aber mir langte es schon, dass ich nun völlig verunsichert war, da musste ich ja jetzt nicht auch noch meinen Mann mit belasten. Noch war rein gar nichts amtlich. Kein Arzt ist zu mir gekommen und hat offiziell die Diagnose verkündet. Noch war alles offen. Ich bin schon so oft im Leben mit einem blauen Auge davongekommen, warum dieses Mal nicht? Sonst konnte ich es kaum erwarten, alle Leute mit einer Neuigkeit verrückt zu machen, aber diesmal wollte und konnte ich es nicht. Etwas in Gedanken zu haben, ist etwas ganz anderes, als es auszusprechen. Ich wollte auf keinen Fall die Erste sein, die aussprach, was alle befürchteten, sozusagen »den Teufel an die Wand malen«. So blieb es in mir. Verkapselt in dem ganzen Gefühlschaos war es kaum zu spüren.

Diesen Moment mit meinem Mann vor der Diagnose wollte ich unbedingt genießen, diesen Kaffee in der Krankenhauskantine, dieses Stück Kuchen, dieses Gespräch. Ich traute mich kaum, nach den Kindern zu fragen. Wenn ich jetzt auch noch hören würde, dass sie mich vermissten … Ich hatte Angst zu fragen, was es Neues gäbe, denn seit ich krank geworden war, kamen nur noch schlechte Nachrichten und Botschaften, furchtbare Briefe von irgendwelchen Ämtern, einer Bank oder von sonst wem. Ich war ein Fass, bei dem nur noch ein Tropfen fehlte, um es zum Überlaufen zu bringen.

Ich wusste, wenn ich es nicht schaffte, den Nachmittag mit Jörg zu genießen, würde ich zusammenbrechen und weinen. Dann würde diese verkapselte Angst und Verzweiflung mit herausgeschwemmt werden und alles würde aus mir herausbrechen. Ich wollte meinen Mann und meine Familie nicht damit konfrontieren, denn selbst wenn ich stark bleiben könnte, müsste ich erkennen, wie tragisch alles ist, wenn ich meinen traurigen und verzweifelten Mann sehen würde. Ich wollte nicht, dass er kopflos die Autobahn nach Hause fuhr und den Kindern nicht berichten konnte, dass es mir ganz gut ginge. Solange noch die Hoffnung bestand, dass alles gut werden würde, wollte ich die Welt der anderen auf keinen Fall noch mehr durcheinanderbringen, als dies schon geschehen war. Vielleicht würde ich ihn abends anrufen, wenn die Kinder bereits schliefen, und ihm von der Untersuchung berichten. Alles etwas verharmlosen, obwohl ein Teil von mir selbst kaum mehr an ein gutes Ende glaubte. Etwas witzeln, alles etwas ins Lächerliche ziehen, um dann aufzulegen und alleine deprimiert zu sein.

Auf dem Gang wartete bereits mein Mann. Ich weiß noch genau, was er anhatte, aber nicht mehr, worüber wir geredet haben.

Die Ärzte, die bei mir die Diagnose stellten, rieten mir, auf jeden Fall zuzunehmen. Sie erklärten, dass ich vielleicht bald nicht mehr kauen und schlucken könnte und es dann sehr wichtig sei, genügend Gewicht zu haben. Im ersten Moment dachte ich: »Hä, genügend Gewicht? Ich wiege 53 Kilo, das langt ja wohl.« Ich meine, es ist ja nicht so, dass ich nach drei Kindern immer noch über das Schlank-Gen verfüge. Ich war stolz darauf, trotzdem schlank zu sein, und wollte zu dem Zeitpunkt mein Gewicht auf keinen Fall verändern. Ich krabbelte also abends in mein Krankenhausbett unter die raschelnde Decke und dachte: Die spinnen ja wohl, jetzt soll ich auch noch zunehmen!

Das Gespräch zeigte jedoch Wirkung, denn am nächsten Morgen erwachte ich mit einem unbändigen Hunger und dem großen Bedürfnis, ausgiebig zu frühstücken. Und so gönnte ich mir ein dekadentes Krankenhausfrühstück. Immerhin auf ärztlichen Rat. So ganz ohne schlechtes Gewissen.

Ich aß später auch brav meine Mittagsportion auf, die mir diesmal kleiner vorkam, und orderte bei meinen Eltern lauter leckere Sachen. Also auf zu neuen Ufern, schlemmen, was das Zeug hält, und als Ausrede: die Ärzte. Wow, ein ganz neues Lebens- und Genussgefühl.

Innerhalb eines Jahres mit hemmungslosem Essen und ohne Sport schaffte ich es tatsächlich, 30 Kilo zuzunehmen. Ich habe mich von meinen Klamotten Größe 34 getrennt und die Liebe zum Essen entdeckt.

Heute Morgen habe ich meinen Schrank aussortiert. Ich hatte doch noch ein paar Relikte aus der Vergangenheit aufbewahrt, aber ich habe eingesehen, dass die meinen Schrank nur unübersichtlich machen, also habe ich diese Sachen und noch gleich ein paar, die ich sowieso nicht mehr anziehe, aussortiert. Es kam doch eine ganze Menge zusammen. Und weil ich gerade dabei war, habe ich dann auch noch meine Fächer beschriftet. So findet dann jeder leichter das, was ich brauche oder möchte …

Vor der Erkrankung habe ich mir Gedanken darüber gemacht, welche Schuhe am besten zu meinem Outfit passen und welche Handtasche ich nehme, nun ist wichtig, dass alles bequem ist und ich mit kurzen Anweisungen sagen kann, was ich haben möchte. Ach, was habe ich meine diversen Schuhe und Handtaschen geliebt – am liebsten hätte ich ihnen Kosenamen gegeben. Wie unwichtig so etwas werden kann. Manchmal denke ich daran, was aus mir geworden ist, was so eine Krankheit aus einem machen kann …

Mittlerweile habe ich schon wieder zehn Kilo abgenommen und die Liebe zum Essen ist nicht mehr ganz so groß. Zwar schmeckt mir immer noch vieles sehr gut, aber es ist wohl ähnlich wie in einer anstrengend gewordenen Beziehung. Man möchte jede Minute miteinander verbringen und jeden

Moment genießen, aber es gelingt einfach nicht mehr. Es wird einem doch zu viel und irgendwann überwiegt der Missmut. Ungefähr so ergeht es mir jetzt mit dem geliebten Essen. Ich esse wirklich gern, aber vieles ist nun so anstrengend zu kauen, und ich verschlucke mich oft. So verliere ich langsam die Lust am Essen, wie mancher vielleicht die Lust am Partner.

Jetzt erst, im Rückblick, fällt mir auf, dass ich die Tragweite damals wirklich nicht begriffen habe. Ich habe zwar funktioniert, also die Anweisungen und Ratschläge der Ärzte ernst genommen, aber bei mir angekommen, was los war, ist es nicht wirklich. Ansonsten wäre mir doch klar gewesen, was mich erwartete. Allein der Hinweis, bald eventuell nicht mehr kauen und schlucken zu können, den ich aufnahm, ohne emotionale Reaktion! Arzt sagt: »Essen«, also esse ich. Mein Ego war da dann doch etwas wacher, oder sollte ich besser sagen: in Alarmbereitschaft? Wenigstens hat es angemessen reagiert, wie ein Ego eben so reagiert: Was? Noch mehr essen? Ich bin dick genug! Was soll das denn nun? Ähnlich verhielt es sich bei den Beratungsgesprächen mit dem Sozialdienst. Mein Ego meldete sich vehement: Hey Sabine, lass dir nichts einreden. Rente?! Ha, dass ich nicht lache. Behindert? Quatsch!

War es am Ende mein Ego, das verhinderte, dass die Informationen bei mir ankamen? Quetschte sich dieser dicke, kleine, sich selbst sehr wichtig nehmende Mann namens Ego, beflügelt von seiner schier unendlichen Selbstverliebtheit, in den Zugang zwischen Datenerfassung und Datenverarbeitung meines Gehirns?

Was blieb ihm aber auch anderes übrig? Er hatte verstanden, worum es hier ging. Hier war definitiv auch seine Existenz, seine Lebensaufgabe bedroht.

Service-Support

<u>Betreff</u>: Ihre Störungsmeldung

<u>Kennzeichen</u>: Niese/Sabine/Leben/Gesundheit
Bitte vergewissern Sie sich, dass folgende Schritte korrekt durchgeführt wurden:

<u>Vorbereitung</u>: Überzeugen Sie sich, dass Ihr Körper eingeschaltet und auf den Gesundheits-Wiedergabekanal eingestellt ist. Schalten Sie den Gesundheitskanal an und wählen Sie ein beliebiges Programm mit Ausnahme von »ALS«, »amyotrophe Lateralsklerose« und Motoneuronenerkrankung.
Starten Sie den automatischen Suchlauf. Wählen Sie dann ein Programm wie zum Beispiel Gesundheit, Wohlbefinden oder Gesundheitswiederherstellung. Drücken Sie nach beendeter Einspeicherung aller gewünschten Programme die Taste »Tuner Preset« zweimal.

<u>Abstimmverfahren für direkte Kanaleingabe</u>
Wenn die Programmplätze bekannt sind, auf denen die gewünschten Sender empfangen werden, können Sie diese anhand des folgenden Verfahrens einspeichern: Halten Sie die Taste »Tuner Preset« länger als 2 Sekunden gedrückt. Wählen Sie einen Programmplatz mit den Tasten »+« und »-«.

Geben Sie den Programmnamen mithilfe Ihrer Gedanken ein.
Drücken Sie die Taste »Next« und wiederholen Sie die Schritte 1 bis 3 für jeden einzelnen Programmplatz.
Drücken Sie anschließend die Taste »Tuner Preset« zweimal!

<u>Feinabstimmung:</u>
Halten Sie die Taste »Tuner Preset« länger als 2 Sekunden gedrückt.
Drücken Sie die Taste »Feinabstimmung«.
Drücken Sie die Tasten »<« und »>«, bis das Programm optimal eingestellt ist.
Die Anzeige der Symptome erlischt, sobald das Programm optimal eingestellt ist. Drücken Sie abschließend die Taste »Tuner Preset«.
Sollten die genannten Probleme dennoch bestehen bleiben, wenden Sie sich bitte an einen Kundendienst in Ihrer Nähe.
Mit freundlichen Grüßen
Ihr Service-Team

Endlich, eines Morgens, etwa eine Woche nach der Entlassung, war der Datenstau im Gehirn abgetragen und ich erahnte einen Bruchteil von dem, was da auf mich zukam. Ich konnte mich nun endlich dem Inhalt des fremden Koffers zuwenden. Da saß ich dann auf meiner Bettkante und betrachtete, was mir das Schicksal im Trenchcoat überlassen hatte. Oh mein Gott, das war ganz und gar nicht meins … das ist mindestens eine Nummer zu groß für mich, stellte ich entsetzt fest.

Mein Gehirn erwachte wieder zu neuem Leben und ich merkte, wie meine Gedanken umherstreiften wie eine eingesperrte Löwin. Ich wollte mich auf keinen Fall damit zufriedengeben und darauf warten, bis mir jemand ein Stück angegammeltes Fleisch hinwarf. Ich musste was tun. Und so wurde ich zur Löwenmutter. Na gut, jede Mutter ist wahrscheinlich irgendwie eine Löwenmami, damals aber wurde ich dazu bestimmt, noch grün wie Hulk. Also, da war sie nun, die grüne Löwenmutti. Wild entschlossen, nicht verwundet in der Steppe liegen zu bleiben, sondern auf Angriff zu gehen. Nur: Wen sollte ich angreifen, wenn sich so spontan kein Opfer bot? Ich wollte nicht mein Leben zerpflücken mit: hätte, könnte und wenn. Denn wie ich zu sagen pflegte: Hätte meine Tante Eier, wäre sie mein Onkel.

Aber braucht man ein Opfer, um auf Angriff zu gehen? Und überhaupt, war ich nicht das Opfer und wollte mich durch Angriff irgendwie selbst befreien? Ich wollte meinen Koffer zurückhaben! Ernüchtert stellte ich schnell fest, dass ich weder die Kraft hatte, eine Löwenmutter zu sein, noch den Angriff zu starten. Ich war wohl eher eine Ertrinkende, die auf den Rettungsring hoffte. Gut! Also mal schauen: Wer könnte mir einen zuwerfen? Im Moment war kein Held in Sicht, also immer schön weiterstrampeln, die Augen offen halten und nur nicht aufgeben. Einen ganzen Tag schaffte ich das, dann war mir klar: Auch das war keine Lösung. Es stehen ja nicht überall die Helden am Strand.

Aber manche, wie ich an diesem Tag feststellte, stehen dafür im Telefonbuch.

Ich brauchte eine Art Kundenservice. Anrufen, Problem schildern und dann wird einem Step by Step erklärt, was zu tun ist. Und sollte es so nicht klappen, schicken sie einen Außendienstmitarbeiter vorbei.

Im Krankenhaus hatte ich bereits eine Beratung vom Sozialdienst erhalten. Aber wer soll sich unter diesen Umständen irgendetwas merken können? Es wurde über Rente, Pflegestufe und Schwerbehinderung gesprochen. Diese Themen schob ich aber erst mal ganz weit weg von mir. Also, so schlimm steht es ja noch nicht um mich! Hallo, ich bin Mitte dreißig. Und so prallte diese Beratung fruchtlos an mir ab.

Nun aber brauchte ich dringend eine Beratung, nur wo konnte ich hingehen? So, erst mal überlegen. Ich hatte überhaupt keine Lust, zu irgendeinem Amt zu gehen. Und da kam mir die Kirche in den Sinn. Wenn die mir nicht helfen, wer dann sonst? Ich blätterte im Telefonbuch und entschied mich für die Diakoniestation. Schwups, und ich hatte einen Beratungstermin. Ich war vorsichtig überrascht. Sollte es tatsächlich Hilfe geben?

Zwei Tage später machten wir uns mit dem vertauschten Koffer auf dem Weg zur Beratungsstelle. Nach dem Gespräch war uns klar: Dies wird kein Walt-Disney-Märchen, aber man kann eventuell Schadensbegrenzung betreiben und einiges regeln. Ausgestattet mit einem Plan für das weitere Vorgehen, mit weiteren Adressen, Telefonnummern und mit neuem Mut verließen wir die Diakoniestation.

Bis heute ist der nette Berater dort einer meiner persönlichen »Retter«. Er hat mir zwar nicht den Rettungsring zugeworfen, aber ich hatte das Gefühl, dass er ein Stück mit mir in diesem kalten Wasser geschwommen ist, mir gut zugeredet hat, mir das Ufer gezeigt hat. Gut, das Ufer konnte ich nicht wirklich sehen, aber ich hatte an diesem Tag, nach diesem ersten Gespräch in der Beratungsstelle, das Gefühl, irgendwo am Horizont das Leuchtturmfeuer zu erahnen.

Unser nächster Gang führte uns zum Integrationsamt, vielmehr kam die freundliche Frau zu uns. Wir erhielten sehr viele Informationen, aber das Beste war, dass sie ein Gutachten über die Wohnung verfasste, in der wir lebten, und uns so einen raschen Umzug ermöglichte. Nun haben wir ein schönes Haus im gleichen Ort, alles, was ich brauche, ist im Untergeschoss und für mich gut zu erreichen. Wir haben einen kleinen Garten und eine Terrasse. Nur die Kinderzimmer der beiden Großen sind oben, aber ich glaube, das finden die gar nicht so schlimm. So sehe ich wenigstens ihre Unordnung nicht.

Die Frau vom Integrationsamt schickte auch ihre Kolleginnen zu uns. Es kam zum Beispiel eine Mitarbeiterin, die uns die verschiedenen Pflegestufen erklärte und mit uns sozusagen »übte«. Das hat uns sehr geholfen und brachte für uns einen großen Aha-Effekt. Vorher hatten wir noch nie darüber nachgedacht, wie oft ich eigentlich am Tag aufs Klo muss …

Eine Mitarbeiterin war auch dabei, als der MDK (Medizinischer Dienst der Krankenversicherung) zu uns kam. Das hat uns sehr beruhigt, denn ich hatte viele erschreckende Beiträge über Begutachtungen des MDK im Internet gelesen. Aber es war dann gar nicht schlimm. Der Herr vom MDK war auch sehr nett und stufte mich in die Pflegestufe 2 ein. Tja, sollte ich mich darüber freuen?

Im ersten Moment freute ich mich. Wieder eine Hürde genommen. Doch wirklich toll ist so eine Begutachtung nicht. Es geht ja nicht darum, wie gut du etwas kannst, und du bist ja auch nicht bei den Topmodels und es hagelt Komplimente. Nein, es wird festgestellt, was du nicht mehr kannst. Und mal ehrlich, wer lässt sich das schon gerne sagen, und noch viel schlimmer, wer erzählt so was schon, um etwas zu bekommen? Nun war meine Welt nicht nur völlig aus den Fugen geraten, sie stand auch noch Kopf. Meine Belohnung für die ganzen Defizite war also Pflegestufe 2.

Irgendwie wollte Freude so recht nicht aufkommen, und ich hoffte inständig, dass ich bis zur Pflegestufe 3 noch viel, viel Zeit haben würde. Ich versuchte diesen Tag irgendwie ausklingen zu lassen, ohne groß darüber zu reden. Aber das gelang mir natürlich nicht. Eine Frage wurde einfach nicht geklärt – für das Amt schon, für mich aber nicht: Warum bekommen Männer 5 bis 10 Minuten am Tag fürs Rasieren angerechnet, ich als Frau aber keine einzige Sekunde, wenn ich meine Tage habe? Da muss man doch mal drüber sprechen, oder nicht? Wenn ich meine Tage habe, fühle ich mich unwohl. Möchte öfters duschen und auch die Toilettengänge dauern länger. Einzelheiten führe ich jetzt nicht aus. Na ja, aber so ist das eben und ich fände es deshalb nur gerecht, wenn man dann statistische Minuten dazubekäme. Aber das gilt nicht, denn deine Tage hast du ja nur fünf Tage im Monat, also ist das kein überwiegender Bedarf. Ich fühlte mich wirklich benachteiligt und gerecht finde ich das auch heute noch nicht. Aber da ich mittlerweile erkannt habe, dass es in den Pflegegesetzen ausreichend andere und größere Fehler gibt, wäre es wohl Blödsinn, sich damit aufzuhalten.

Wir diskutierten dennoch mit dem MDK darüber, allerdings erfolglos, und ich beschloss dann, das so hinzunehmen, denn ich brauchte ja meine Kräfte, um den Koffer zurückzutauschen, und damit wäre dann die ganze Pflegesache ohnehin vom Tisch. Aber bevor ich die Pflegesache vom Tisch hatte, mussten wir den Tisch erst einmal ausziehen, denn warum einfach, wenn es auch kompliziert geht.

Die Wochen verstrichen und wir hörten nichts mehr wegen der Pflegestufe. Irgendwann kam dann heraus, dass meine vorherige Krankenkasse meine Versicherungszeiten nicht herausrückte und deshalb meine Pflegestufe nicht bewilligt werden konnte, denn es musste zunächst sichergestellt sein, dass ich auch die Voraussetzungen dafür erfüllte.

Immer öfter geisterte nun der Satz der Ärzte im Abschlussgespräch durch meine Gedanken: »Frau Niese, genießen Sie jeden Tag und machen Sie es sich so schön wie möglich!«

Ich hatte es wirklich vor, aber es standen zu viele Probleme im Weg. Die Pflegekasse war dabei das Geringste. Mein Mann regelte das souverän und schnell. Aber andere Probleme blieben ungelöst, und wie bei der Medusa half es nicht, ihr einen Kopf abzuschlagen, denn zwei neue wuchsen gleich nach. Dazu kam, dass ich, sobald ich dem Problem, also der Medusa, in die Augen sah, zu Stein erstarrte. Ich konnte nicht mehr und ich wollte auch nicht mehr. Ich fand das alles so ungerecht.

Tod, was ist das?

Tod, was ist das?
Geht man, steht man, läuft man durch den Tod?
Sieht man dann noch Farben, so wie Gelb, Grün und Rot?
Kann man sprechen, pfeifen, singen, lachen?
Wie soll ich mich sonst verständlich machen?
Fühlt man noch Trauer, Schmerz und Wut?
Oder wird dann alles gut?
Kannst du mich noch fühlen, riechen oder sehen?
Müssen wir von da an alleine weitergehen?
Will dich doch nicht alleine lassen,
Kann ich auch dann noch deine Hand umfassen?
Ist es dort dunkel oder hell?
Bleibt die Zeit stehen oder verrinnt sie schnell?
Kann ich dich noch trösten und dir Mut zusprechen,
oder wirst auch du dann mit dem Leben brechen?

Doch jedes Problem ist nichts gegen die Angst, sterben zu müssen, die Kinder zurückzulassen. Es gibt keine Worte, die diesen Schmerz beschreiben könnten, und auch jetzt treibt es mir die Tränen in die Augen. Ich will nicht darüber nachdenken, und doch tue ich es immer wieder. Eigentlich ist es noch nicht einmal ein Nachdenken. Es ist pure Verzweiflung. Mein Verstand möchte diese Verzweiflung dann in irgendetwas Greifbares verwandeln und ich versuche, etwas Konkretes zu denken. Aber das funktioniert nicht. Es gibt keine wirklich schlüssigen Gedanken. Vielleicht ist es in etwa so, wie wenn man ein Lied im Radio hört. Man fühlt die Musik, aber man versteht die Sprache nicht. Es hört sich so wehmütig an, so voller Schmerz, dass man einfach traurig wird, obwohl man gar nicht versteht, worum es genau geht.

Ich mag es, schöne Videofilme mit Happy End anzuschauen. Eigentlich liebe ich richtige Schnulzen, und sie müssen unbedingt ein Happy End haben. Jetzt allerdings frage ich mich: Wird es für mich und meine Familie auch ein Happy End geben? Es macht mich so unendlich traurig, so wenig Hoffnung zu haben. Mein Jüngster wird bald 6 Jahre alt, und ich ertappe mich dabei, wie ich rechne, dass es noch 12 Jahre sind, bis er 18 wird. Wie groß ist wohl die Chance, dass ich seinen 18. Geburtstag erlebe? Mein Mittlerer ist 11 Jahre alt, das wären noch 7 Jahre, und mein Großer ist 14 Jahre, das wären dann noch 4 Jahre bis zu seinem 18. Geburtstag.

Was soll ich meinen Kindern hinterlassen? Wir haben nichts mehr, aber es geht mir gar nicht so sehr um das Materielle, sondern vor allem darum, ob die Gedanken und Erinnerungen an mich reichen werden. Hatten wir genügend schöne Momente? Hatte ich genügend schöne Momente? Wie viele meiner Träume konnte ich verwirklichen? Wie kann ich es anstellen, dass die Kinder von nun an intensiv mit mir leben, ohne dass ich sie zu sehr belaste und ihnen zu große Angst mache? Hat es überhaupt ein Kind verdient, seine Mutter zu verlieren? Oder haben es Eltern verdient, ihr Kind zu verlieren? Hat ein Mann verdient, seine Frau zu verlieren, oder eine Schwester oder ein Bruder die Schwester? Habe ich es verdient, jemanden verlassen zu müssen? Nein, natürlich nicht! Aber warum passieren dann so grausame Sachen?

Ich möchte mich nicht geschlagen geben, denn noch bin ich nicht besiegt, irgendetwas muss und wird passieren, damit es nicht so kommen wird.

Betet für mich.

Im Moment habe ich ein kleines Formtief. Meine Motorik der Hände wird schwerfälliger, besonders an der rechten Hand. Ich bekomme oft Krämpfe, und so fällt mir das Schreiben immer schwerer. Das bedeutet: Ich werde mich bald wohl mit der Bildschirmtastatur auseinandersetzen. Langsam wird auch das Sprechen etwas schwierig. Ich glaube zwar nicht, dass Außenstehende das wirklich bemerken, aber ich fühle mich teilweise etwas unsicher, da meine Zunge irgendwie schwerer wirkt. Die Muskelzuckungen werden auch zunehmend stärker und nerven schon etwas. Eine Zeit lang wurden sie weniger, aber nun kommen sie wieder häufiger. Ich fühle mich insgesamt im Moment müde und hänge durch …

Ich mache mir sehr viele Sorgen um meine Kinder. Es ist schwer für eine Mutter, sich nicht mehr richtig um ihre Kinder kümmern zu können. Oft bin ich unzufrieden und überlege, wie ich meinen Kindern das Leben angenehmer machen kann. Mein Kleiner hat vor ein paar Wochen damit angefangen, sich die Haare auszureißen. Ist denn meine Krankheit nicht schon beschissen genug? Mein Mann bemüht sich nach Kräften, allen gerecht zu werden. Aber kann er das alles überhaupt schaffen? Ich werde mich wegen einer Haushaltshilfe erkundigen, damit sie wenigstens meinem Mann im Haushalt etwas abnehmen kann, denn die Kinder brauchen im Moment alle Zuneigung und Aufmerksamkeit, die sie von uns bekommen können. Es ist aber auch wirklich zum Haareraufen …

Ich verstehe den Tod nicht, bin ihm noch nie persönlich begegnet. Mein Opa ist gestorben und ein Freund hat sich das Leben genommen. Ich war da, als er gefunden und seiner Frau die Nachricht überbracht wurde. Aber der Tod war nicht dabei.

Er kommt auch nicht vorbei, klingelt wie neue Nachbarn und stellt sich vor. Nach dem Motto: »Guten Tag, ich bin Frau Tod und wohne jetzt hier. Das ist mein Mann Trauer und das sind meine Kinder Angst und Verzweiflung. Oh, wie schön, Sie haben auch Kinder. Dann können die ja mal zusammen spielen und sich kennenlernen, immerhin kommen sie ja in die gleiche Klasse und gehen in den gleichen Sportverein. Und Mensch, ach, unsere Männer haben die gleichen Hobbys, na, die werden sich ja blendend verstehen. Und ich würde mich freuen, wenn wir mal zusammen einen Kaffee trinken und zusammen weggehen würden.«

Du kannst auch nicht die Tür verriegeln und die Klingel abstellen, um deine Ruhe zu haben. Keine Chance. Tod und seine Familie wollen dich zum Freund, und du kannst nicht besonders viel dagegen zu machen. Das Einzige, was diese Sippe etwas auf Distanz hält, ist, meiner Meinung nach, positives Denken und das Beste daraus zu machen. Das wirkt ähnlich wie Verleugnen am Telefon. Allerdings funktioniert auch das nur eine gewisse Zeit und vorausgesetzt, die Nummer wird angezeigt. Oder man hat so viel zu tun, dass man gar keine Zeit hat, darüber nachzudenken. Abends ist man so müde, dass man einfach ins Bett fällt. Oder man ärgert sich so dermaßen über Ämter und Sanitätshäuser, dass man ebenfalls nicht daran denkt.

Eines weiß ich aber mittlerweile genau: Das ist auf jeden Fall bei meiner Krankheit ganz einfach. Dazu kommen noch die finanziellen Probleme. Und weil mir zunächst die nötige Coolness fehlte, war ich damit gut ausgelastet.

Es ist so unglaublich schwer, einem Sachbearbeiter beim Arbeitsamt verständlich zu machen, dass man nicht mehr arbeiten gehen kann. Mein Mann wurde mittlerweile durch diesen Paragrafen freigestellt:

Sozialgesetzbuch (SGB) Zweites Buch (II) – Grundsicherung für Arbeitsuchende vom 24. Dezember 2003
Kapitel 2. Anspruchsvoraussetzungen
Paragraf 10 Zumutbarkeit

(1) Einer erwerbsfähigen leistungsberechtigten Person ist jede Arbeit zumutbar, es sei denn, dass …

4. die Ausübung der Arbeit mit der Pflege einer oder eines Angehörigen nicht vereinbar wäre und die Pflege nicht auf andere Weise sichergestellt werden kann.

Aber ich sollte immer noch vermittelt werden. Mit Logik ist das nicht zu verstehen. Dies versuchte ich auch dem Sachbearbeiter nahezubringen: Mein Mann wird freigestellt, weil er sich so sehr um mich kümmern muss, aber ich, diejenige, wegen der er freigestellt wird, die auf seine Hilfe angewiesen ist, soll vermittelt werden.

Das Telefonat wurde dann beendet mit der Feststellung, dass die Fronten verhärtet seien.

Wir waren immer noch brav dabei, unsere To-do-Liste abzuarbeiten.

Für uns war sie wie die Landkarte unterwegs in einem fremden Land. Oder wie eine Schatzkarte, aber das passt nicht ganz, denn unter dem Kreuz befand sich garantiert kein Schatz. Sagen wir besser wie eine Seefahrtskarte, damit wir nicht alle ertrinken mussten. Und wir wurden dann so tollkühn, dass wir fleißig weitersegelten in der Hoffnung, Schlimmeres abzuwenden.

Denn die Monate, in denen ich noch keine Diagnose hatte, aber arbeitsunfähig war, vermittelten dem Arbeitsamt den Eindruck, ich hätte einfach so meinen Job an den Nagel gehängt und würde mich nun erst einmal zusammen mit meinem Mann auf die faule Haut legen. Dass ich einfach keine Kraft mehr hatte zu laufen, geschweige denn zu arbeiten, wollte und konnte wohl keiner sehen. Auch seelisch war ich überhaupt nicht fähig, einer Arbeit nachzugehen, und ich verbrachte ja außerdem viele Wochen in Krankenhäusern. Da ich nicht im Geringsten damit gerechnet hatte, jemals so krank zu werden, war ich für diese Schicksalsvariante auch nicht abgesichert. Ich denke, die meisten Menschen wissen, dass man bei drei Kindern keine Unsummen ansparen kann. Wir konnten auf jeden Fall nichts sparen.

Ohne Diagnose wollte das Amt mich oder meinen Mann sofort wieder arbeiten schicken. Sie erkannten meinen Krankheitszustand und meinen Pflegebedarf durch meinen Mann nicht an. Wir versuchten zu erklären, brachten Atteste von meinem Hausarzt, aber wir waren nur eine Nummer unter vielen, die nicht arbeiten wollten. So kam es, dass wir einige Monate kein Geld hatten. Es war vorher schon nicht immer leicht mit einer fünfköpfigen Familie, aber nun, mit gar keinem monatlichen Einkommen, häuften sich die offenen Rechnungen und wir konnten unsere Verbindlichkeiten nicht mehr begleichen.

Unangenehm ist es schon allein, darüber zu berichten!

Deshalb sind wir dann zur Schuldnerberatung. Dort erfuhren wir, wenn eine private Insolvenz beantragt wird, bedeutet das eine Befreiung von der Restschuld nach sechs Jahren. Man erhält sozusagen eine zweite Chance. Es kann allerdings ein halbes Jahr dauern, bis eine Insolvenz eingeleitet wird, das macht dann sechseinhalb Jahre. Und da lag bei mir die Frage nahe, ob ich das denn überhaupt noch erleben würde, sollte es so weit kommen. Das hat jetzt nichts mit Pessimismus zu tun, sondern mit realistischem Denken.

Also habe ich nachgefragt. Es hätte ja sein können, dass es eine Sonderregelung für Fälle wie meinen gibt. Damit meine Kinder dann wenigstens nicht das Erbe ausschlagen müssten.

Vererben werde ich ihnen sowieso nichts können, aber ich will ihnen auch keine Schulden hinterlassen. Es ist für mich schon ein grauenvoller Gedanke, dass mich meine Kinder früher verlieren könnten und ich sie überhaupt nicht finanziell absichern kann. Außerdem möchte ich ja, dass meine Kinder mich in Erinnerung behalten, wie ich bin, und dass sie vor allem positive Erinnerungen an mich haben. Wenn ich mir dann vorstelle, dass sie beim Notar sitzen und das Erbe ausschlagen müssen oder mein Mann das für sie machen muss, weil sie vielleicht noch nicht volljährig sind, wird mir ganz anders. Ich bemühe mich so um jede gute und nachhaltige Erinnerung, damit meinen Kindern auf diese Weise noch etwas von mir bleibt, und ich will sie auf keinen Fall mit Schulden belasten.

Die Beraterin war total geschockt über meine direkte Nachfrage und auch mein Mann wäre wohl am liebsten aufgesprungen, um den Rollstuhl mit mir in die Ecke zu schieben, damit ich mich dort hätte schämen können. Ich versuche mich doch auch ständig in die Situation von anderen hineinzuversetzen, und war dann meine Frage nicht irgendwie berechtigt? Nachdem die Beraterin sich wieder gefangen hatte, erklärte sie, dass es keine Ausnahme gebe, sollte ich also vor Ablauf der sechs Jahre sterben, verfiele die Restschuldbefreiung. Wenn meine Kinder dann nicht das Erbe ausschlagen würden, erbten sie eben meine Schulden, sofern ich sie nicht vorher abbezahlt hätte. Während mein Mann den Rollstuhl mit mir die Treppen hinunterhievte, schüttelte er immer noch den Kopf über mich.

Tut mir leid, aber ich spreche nun mal über den Tod und über das Sterben, weil es mich bald treffen könnte. Natürlich achte ich extrem darauf, dass die Kinder davon nichts mitbekommen, aber ich setze mich mit diesem Thema auseinander. Und würde ich keine Familie, meine Kinder und Eltern, hinterlassen, hätte ich nicht so eine große Angst vor dem Sterben.

Unseren Nerven wurde wirklich eine Belastungsprobe nach der anderen gestellt. Wo man hinschaute, Probleme. Komischerweise funktionierten wir trotzdem sehr gut. Ich schreibe mit Absicht »komisch«, denn wir sind beide ziemlich stürmische Menschen und in der Vergangenheit sind wir in Stresssituationen gerne aneinandergerasselt. Nun aber wollten wir einfach überleben. Ich denke, dass wir gleich wussten, dass das keine Stresssituation ist, sondern eine absolute Ausnahmesituation, und uns war ebenso klar, dass wir unsere Kräfte nutzen mussten, um uns etwas freizustrampeln, und sie nicht verschwenden durften, um uns gegenseitig auch noch fertigzumachen.

Trotzdem war ich seit der Diagnose eigentlich immer in einer gewissen Erwartungshaltung. Fast das ganze Leben war zusammengebrochen und ich wartete eigentlich nur noch darauf, dass mein Mann das Weite suchte. Nicht, weil er der Mann ist, der dies tun würde, sondern eher, weil das eine weitere Folge der ganzen Ereignisse hätte sein können. Das hätte noch gefehlt und damit wäre dann diese elendige Geschichte perfekt gewesen. Es war natürlich trotzdem für uns eine schwierige Zeit, und es ist auch heute nicht immer einfach.

Denn es ist nun einmal so, dass Männer und Frauen absolut verschieden sind. Meine Taktik, mit dem Ganzen irgendwie zurechtzukommen, war reden; seine Taktik, mit dem Ganzen irgendwie zurechtzukommen, war bloß nicht darüber reden. Und so kam es öfter vor, dass ich im Wohnzimmer auf dem Sofa lag, während mein Mann in seiner Computerecke unter der Treppe saß.

Nach ein paar schwermütigen Tagen melde ich mich nun aus meiner nachdenklichen Phase zurück.

Leider habe ich immer mal wieder Momente, in denen ich mich einfach schlecht fühle. Ich bin dann so unzufrieden und angespannt und ich mache mir viele Gedanken.

Da ich jetzt schon so unzufrieden bin, darf ich gar nicht darüber nachdenken, wie es sein wird, wenn ich noch weniger kann! Aber leider schaffe ich es oft nicht, diese Gedanken abzustellen, und so ziehen sie mich dann doch runter. Ich bin genervt, weil ich nicht mehr mal eben schnell losfahren kann, um mir eine bestimmte Creme zu kaufen. Ich weiß genau, wie sie aussieht, wo sie im Laden steht, aber es fällt mir schwer, dies anderen zu erklären. Genauso, wenn ich etwas im Laden sehe und es steht für mich zu hoch im Regal, ich komme nicht dran, dann erst jemanden suchen und erklären … das ist alles so umständlich! Es tut mir so leid, dass ich das Leben meiner Familie mit diesen Sachen belaste, alles verkompliziere. Oft plagen mich deshalb Schuldgefühle. Weil ich krank bin, weil ich genervt bin, weil ich bei so vielem Hilfe brauche, weil meine Eltern sich Sorgen machen, weil mein Mann so vieles zugleich leisten muss, weil meine Kinder eine schöne Kindheit haben sollten, weil ich mich selber nerve …

Ja, ich weiß, das sagen alle immer zu mir: Ich solle mir keine Vorwürfe machen – ich würde doch nichts dafür können, dass ich krank geworden sei, aber:

1. Wer kann das mit Bestimmtheit sagen, dass ich keine Schuld an meiner Erkrankung habe? Wir wissen doch noch nicht mal, woher ALS kommt, wie es entsteht ...

2. Auch wenn ich nichts dafür kann, so ist es doch mein Körper, der krank ist, und deshalb bin nicht nur ich davon betroffen, sondern meine Angehörigen sind es auch!

Als meine beiden Großen auf die Welt kamen, waren sie sehr krank und ich musste sehr um sie bangen. Ich war ständig mit einem von ihnen im Krankenhaus, sie wurden operiert, brauchten viel Pflege, Medikamente und eine spezielle Ernährung. Ich habe mich mit ihnen zusammen da durchgekämpft und war so froh, als sie endlich ein normales Leben führen konnten. Als ich dann wieder schwanger wurde, bekam ich erst einmal Panik – was, wenn auch dieses Kind krank ist? Aber wir wollten es unbedingt, und Gabriel ist gesund und munter und hat Energie für drei! Als kurz nach der Geburt klar war, dass er vollkommen gesund ist, freute ich mich darauf, dieses Kind unbeschwert aufwachsen zu sehen. Kein Laufenlernen im Krankenhaus und so weiter. Nach einigen Berg- und Talfahrten schien sich unser Leben endlich zu normalisieren und ich wähnte uns schon fast auf der sicherer Seite, da kam diese Diagnose ...

Und nun meine Frage: Wann reicht es endlich?

Wie viel muss oder soll meine Familie noch ertragen? Ich will diese blöde Krankheit wieder loswerden. Ich werde mich nicht geschlagen geben.

Ich hätte große Lust, dieses Sch***-ALS mal so richtig zusammenzuschreien und in die E**r zu treten ... Vielleicht kapiert es dann, wie weh es tut, solch eine Diagnose zu bekommen!? (Dafür werde ich mich jetzt nicht entschuldigen!)

Wir mussten beide lernen, mit der neuen Situation zurechtzukommen. Mir fiel das allerdings sehr schwer. Ich hatte so viele Gedanken und wollte sie meinem Mann mitteilen, wollte, dass er mit mir redete. Er aber war gar nicht in der Lage, darüber zu reden. Oft hat mich dieser Zustand verrückt gemacht. Ich war der Meinung, da er doch mein Mann ist, mit wem sollte ich sonst darüber reden, wenn nicht mit ihm?

Eine Beratungsstelle empfahl uns einen Therapeuten. Ein Termin wurde gemacht und der Therapeut kam sogar zu uns nach Hause. Ich erläuterte meine Sorgen und Ängste. Irgendwann kippte dann das Gespräch und er forderte mich auf, mir anzusehen, wie schlecht es meinem Mann ginge, wie fertig er sei wegen der Diagnose. Hatte er mir überhaupt zugehört? Ich machte mir doch keine Sorgen um mich! Was konnte ich ändern? Ich kann doch nur versuchen, das Beste daraus zu machen. Ich habe keine Ahnung, was nach dem Tod mit einem passiert, und im Moment ist mir das auch egal. Aber meine Kinder, mein Mann, meine Familie. Wie kommen sie damit zurecht? Meine größte Angst war es doch, dass wir das Ganze aus irgendeinem Grund nicht zusammen schaffen würden. Dass sich jeder von uns in seine Gefühlswelt zurückzieht und wir uns irgendwann fremd sind. Ich fühlte mich absolut unverstanden, und das sagte ich dem Therapeuten auch. Er allerdings hielt an seiner für mich völlig unzutreffenden Einschätzung fest.

Er schlug uns vor, an einem Tag in der Woche abends miteinander zu reden. Wir sollten eine Münze werfen und wessen Zeichen dann oben liegt, der dürfe das Thema bestimmen. Da war es ganz vorbei bei mir. Ich weinte und wollte das Gespräch beenden. Ich war entsetzt. Wie konnte er das von mir erwarten? Wenn ich an einem Donnerstag Todesangst habe oder tieftraurig bin, wie kann ich dann bis Dienstag warten?

Sollte ich mir sagen: Ganz ruhig, jetzt legst du diese Gedanken und Gefühle erst einmal bis Dienstag ab, und wenn du Glück hast und die Münze zeigt mit der Zahl nach oben, kannst du ja darüber sprechen. Und wenn nicht, versuchst du es den Dienstag drauf eben noch einmal.

Damit war das Thema Therapie für mich vom Tisch. Nach dieser Erfahrung war ich fix und fertig. Ich habe nur noch geheult und meine Eltern angerufen. Mich bei ihnen beklagt und wieder geheult.

Wieso musste überhaupt eine Lösung her?, fragte ich mich. Es gab doch gar keine. Warum sollte dieses Gespräch mit einem Handschlag besiegelt werden? Hier ging es nicht um Verträge, um irgendwelche Vereinbarungen. Hier ging es um Menschen in einer extremen Lebenssituation, um die damit verbundenen Gefühle und Ängste.

Es musste keine Lösung her. Es musste einfach ein Weg gefunden werden, bei dem keiner auf der Strecke blieb. Ich hatte mir etwas Verständnis erhofft, die Chance, meinem Mann zu sagen, wie wichtig es für mich ist, mit ihm zu reden. Stattdessen wurde mir erklärt, wie schlecht es meinem Mann ging. Als ob ich das nicht selber wüsste! Als ob ich deshalb nicht genug Schuldgefühle hätte!

Es gibt so viele furchtbare Krankheiten, und denkt dann mal jemand an die Angehörigen, vor allem an die Kinder? Vielleicht würde ich darüber nicht so viel nachdenken, wenn mein Mann erkrankt wäre, weil ich den Tagesablauf mit den Kindern ja genau kenne und dann einfach nur versuchen würde, zu funktionieren. Aber es kann doch nicht sein, dass ein pflegender Angehöriger alle Last alleine tragen soll! Da ist der Haushalt, einkaufen, Wäsche waschen, Essen kochen, aufräumen, die Kinder von A nach B bringen und so weiter … Klar, das ist ganz normal, aber dann kommen dazu die psychische Belastung, die eigene

Angst und vor allem die Ängste der Kinder. Vielleicht können Menschen, die nicht betroffen sind, sich dieses Leben einfach nicht vorstellen …

Das Thema, die Kommunikation mit meinem Mann, hat mich sehr beschäftigt. Ich sah das so, ich musste etwas unternehmen. Meinen Mann kann ich natürlich nicht ändern oder ihn zwingen, jetzt mit mir zu sprechen. Es fiel mir schwer, aber ich musste ihn in Ruhe lassen. Ich wollte nicht, dass er mir auch noch aus dem Weg ging und sich von mir bedroht fühlte. Über den Verlauf seines Lebens war er sicher auch alles andere als glücklich.

Im Nachhinein würde ich das so werten, dass es von mir eine Art Selbstmitleid und Problemverschiebung war. Ich konnte zwar niemanden für meine ALS-Erkrankung verantwortlich machen, aber ich konnte meinen Mann dafür verantwortlich machen, dass er nicht mit mir reden wollte, wann ich es wollte, nämlich jetzt und immer. Ich konnte anklagen und beschuldigen und vergaß dabei ganz, dass mein Mann ein eigenständiger Mensch war, der eben selbst entschied, wann er darüber reden wollte und wann nicht.

Am Tag bevor ich nach Hamburg gefahren bin, um meine Eltern zu besuchen, war ich noch bei meinem Arzt. Mal wieder den Stand der Dinge vorzeigen und ein paar Rezepte abholen. Er schaute noch in den Computer, ob neue Berichte eingetroffen wären, denn ich hatte ganz vergessen, dass ich ja auch bei einer Neurologin gewesen war. Ich ließ mir den Bericht ausdrucken, weil ich die Untersuchungsberichte auch zu Hause sammelte. Die Ärztin bestätigte den Verdacht ALS. Tja, was soll ich sagen …

Ich habe jetzt beschlossen, endlich wieder ich selbst zu sein! Hört sich komisch an, ich weiß, aber ich war die letzten Monate so voller Angst und Unsicherheit, und das entspricht gar nicht meinem Charakter. Und so habe ich beschlossen, mein Leben wieder selbst in die Hand zu nehmen. Ich gehe (rolle) bei gutem Wetter mit Gabriel, meinem jüngsten Sohn, zum Laden, um ein paar Kleinigkeiten zu besorgen. Ich möchte nicht nur, dass die Krankheit langsam voranschreitet, ich will, dass die Krankheit langsam voranschreitet. Ich möchte nicht nur gesund werden, ich will gesund werden! Und solange es so ist, wie es ist, mache ich das Beste daraus …

Liebe, begehrte Sicherheit

Liebe, begehrte Sicherheit,

schon als Baby und Kleinkind ist es wunderbar zu wissen, dass du da bist. Und auch als ich deine Bedeutung noch nicht kannte, wusste ich, dass du für ein Kind sehr wichtig bist.
Meine Eltern holten dich mit in die Familie und waren stets darum bemüht, dich bei uns zu halten.
Ich wuchs heran, immer mit dir, Sicherheit, und meinen Eltern an meiner Seite.
Mit dem Heranwachsen und der Pubertät kam dann das Gefühl, dass du mich einengst.
Ich fand dich spießig. Ich strampelte mich von dir los, um das Leben und die Welt zu erkunden.
Ich fühlte mich frei ohne dich.
Ich durchlebte bewegte Jahre.
Und als ich dann selbst Mutter wurde, erkannte ich, wie wichtig es ist, mit dir, Sicherheit, zu leben.
Ich habe mich wirklich angestrengt, dich mit in unser Boot zu holen. Und du weißt, wie lange es gedauert hat, bis wir seichtes Wasser erreichten, um dann unsere Reise gemeinsam fortzusetzen.
Je älter ich wurde, desto mehr lernte ich dich schätzen.
Als ich dann die ersten Symptome hatte, wollte ich dich unbedingt bei mir wissen.

Ich wusste ja, dass es nicht leicht ist, dich dazu zu bewegen, mir nun auch in dieser Situation zur Seite zu stehen. Aber dass sich das Blatt so drehen würde, hätte ich niemals geglaubt.
Ich dachte, du bringst mich weiter. Durch dich, Sicherheit, würde mir geholfen werden.
Doch du bist mir in den Rücken gefallen.
Du, die Sicherheit, hast mir mit der Diagnose den Boden unter den Füßen weggerissen.
Sicherheit, wo gibt es denn so was eigentlich?
Kein starker Fels in der Brandung, keine Zuflucht.
Mein Vertrauen ist erschüttert.

Sabine

Was mich wirklich blockierte, war diese blöde Diagnose. Ja, na klar, aber ich meine natürlich dieses lange Im-Verdacht-Leben. Bei ALS dauert es ewig, bis du eine endgültige Diagnose hast. Am Anfang war das mein Strohhalm, an den ich mich klammerte, mittlerweile war es eher ein Stock, den mir jemand in die Speichen hielt. Ich stürzte und kam nicht weiter. Das ewige Suchen nach Anhaltspunkten und Forschungsergebnissen blockierte mich.

Tja, wie es aussieht, habe ich ALS!

*Ich kann es immer noch nicht glauben! Ich habe mal wieder im Internet gesucht und ein paar Auszüge aus meinem Entlassungsbericht bei Google eingegeben – mit dem Ergebnis, dass es wohl ALS ist! Le** mich am Ar***!*

Heute hatte ich wieder die fixe Idee, dass ich keine amyotrophe Lateralsklerose habe. Ich habe dann ein bisschen im Internet gesurft, aber nichts Konkretes über eine Fehldiagnose ALS gefunden. Wäre doch interessant gewesen, von jemandem zu erfahren, der diese Diagnose zunächst erhalten, aber dann doch kein ALS hatte. Falls ich diese Krankheit doch nicht haben sollte, werde ich das sofort posten …

Was für ein Tag heute … Meine Gedanken drehen sich im Kreis und ich versuche, aus diesem Karussell auszusteigen. Immer wieder verpasse ich den Absprung!

Damit ihr versteht, was mal wieder los war, fange ich von vorne an:

Heute Morgen klingelte das Telefon und ich wurde von dem Pressesprecher meiner Krankenkasse gefragt, ob ich nicht doch nach Berlin zu dem berühmten Professor fahren wollte. Erst mal war ich baff und habe die Entscheidung zwei Tage vor mir hergeschoben, eigentlich nur, damit ich Ruhe habe, denn ich wollte darüber nicht weiter nachdenken.

Aber dann setzte das Grübeln doch ein. Sollte ich da hinfahren, bestand noch irgendeine Hoffnung für mich? Die letzten Wochen und Tage waren nicht gerade einfach … Vielleicht habe ich doch etwas anderes? Dann müsste ich schnellstmöglich behandelt werden!

Wie auch immer, es hat wieder mein Karussell in Gang gebracht. Den halben Tag habe ich mir für mich leise Gedanken gemacht, habe ein Mittagsschläfchen eingelegt und anschließend mit meinen Eltern telefoniert. Als die Kinder abends endlich im Bett waren, konnte ich dann noch ungestört mit Jörg darüber reden. Und wenn ich versuche, als Außenstehende dieses Gespräch zu verfolgen … Alles ganz schön verworren. Ich bin irgendwie verworren, und meine Gedanken sind es in jedem Fall.

Ich kann es einfach nicht verstehen, dass ich zum Beispiel meine Zehen nicht mehr bewegen kann. Natürlich kann ich es theoretisch verstehen: Nervenzellen sterben ab, der Muskel wird nicht mehr richtig angesteuert und so weiter … Aber: Ich kann es emotional nicht verstehen. Wieso kann ich meine Zehen nicht bewegen, habe aber sonst nichts? Ich meine damit, dass mir da einfach etwas fehlt, um verstehen zu können. In etwa so:

Bein gebrochen = Schmerzlähmung = Gefühlsverlust

Hinfallen = Aua

kochendes Wasser auf der Hand = Brandblase

Tumor = Krebs

Ich hoffe, ihr versteht, was ich meine! Und nun sind da meine Zehen, die ich nicht bewegen kann, aber ich habe keinen Marker dafür. Ich kann es so schlecht erklären, aber ich habe es versucht!

Ich spreche ja ganz offen über meine Krankheit, aber irgendwie habe ich mich manchmal selbst im Verdacht, dass die Konsequenz noch gar nicht richtig bei mir angekommen ist. Anscheinend kann ich gerade deshalb so offen darüber sprechen, weil es mich ja gar nicht richtig betrifft. »Ja, ja, da ist was, aber halb so schlimm! Geht auch wieder, ist nichts Wildes!«

Ich finde ALS einfach so unrealistisch … Heute wurde mir auf einmal klar, welche Taktik ich da eigentlich anwende. Äußerlich funktioniere ich gut. Ich habe mich um die Versorgung mit Hilfsmitteln gekümmert und alles Anstehende so gut wie möglich geregelt. Aber tief in mir drin bin ich davon überzeugt, dass alles ein Versehen ist, eine Verwechslung. Ich rechne irgendwie die ganze Zeit damit, dass ich mit dem Schrecken davonkomme. Ehrlich gesagt, rechne ich damit, bald wieder gesund zu sein. »Ich doch nicht!« Ja, na ja, im MRT hat man was gesehen, im EMG auch. Aber das kann ja auch falsch beurteilt sein …

Allerdings merke ich so langsam, dass diese Taktik nur bedingt weiterbringt. Ich müsste mir eigentlich dringend einen Neurologen suchen, der mir mit Rat und Tat zur Seite steht, und meinen Angehörigen auch.

Irgendwie hat Jörg wohl instinktiv gemerkt, dass er mich besser in meiner Schaumblase lässt, oder ist eben aus Versehen mit in diese Blase gerutscht. Und so haben wir doch ein schönes Spiel gespielt …

So kann es nicht weitergehen! Ich brauche wirklich Rat von jemandem, der sich auskennt: Wann mache ich dies, wann brauche ich das, zu welchem Neurologen gehe ich, wo bin ich gut aufgehoben? Ist diese Diagnose erst mal gestellt, bringt Leugnen auch nicht viel weiter, auf jeden Fall keine Verbesserung. Was auch immer ich habe, es wird auf diese Weise nicht besser. Wenn es also wenigstens nur nicht schlimmer wird …

Ich sollte mir nun also überlegen, ob ich nicht doch nach Berlin fahren wollte, hatte der Pressesprecher meiner Krankenkasse gemeint, denn nachdem ich Ende September 2009 eine Redakteurin von Stern TV angeschrieben hatte, um auf diese Krankheit und die ganzen Umstände, die sie mit sich bringt, aufmerksam zu machen, würde Stern TV nun gerne einen Beitrag über mich drehen. Sie brauchten allerdings eine medizinische Meinung für ihre Sendung, sonst könnten sie das schlecht bringen. Nun gut … Ich habe mich also dazu durchgerungen, mir das einmal anzutun. Daraufhin rief mich eine nette Frau von Stern TV an und ihr habe ich von einem Arzt in Hamburg erzählt, der mir in einem Forum für Muskelerkrankungen empfohlen worden war. Er sollte sehr nett sein. Das Richtige gegen meine Ärztephobie!

Heute rief sie nun zurück und meinte, dass Dr. Winkler sehr, sehr nett und einfühlsam sei. Er würde mich anrufen, damit wir einen Termin vereinbaren könnten. Es ist also beschlossen, ich gehe zu diesem Arzt!

Natürlich würde mich eine zweite Meinung interessieren, aber ich habe auch wirklich Angst davor! Ich finde, ich halte mich im Moment eigentlich ganz gut, trotz der Diagnose! Aber ich bin immer noch nicht frei von dem Gefühl, dass das vielleicht nur so ist, weil sich alles so unwirklich anfühlt! Als wir damals im Krankenhaus das Abschlussgespräch hatten, hatte ich innerlich schon so zugemacht, dass dieser Krankenhausaufenthalt für mich wie in weiter Ferne in Nebel gehüllt zurücklag. Aber jetzt, da ich mich langsam mit dieser Krankheit auseinandersetze, fällt es schwer, noch so zu tun, als ob »nichts« gesagt worden wäre. Natürlich weiß ich, was gesagt wurde, mein Verstand hat es aufgenommen, aber bei meinen Gefühlen ist es nicht angekommen. Ein wenig ist vielleicht durchgesickert, aber kann man gleich davon ausgehen, dass der Wind gerade das ganze Dach abdeckt, wenn doch nur ein paar Tropfen durch die Decke sickern? Vielleicht gelingt es, die Situation einige Zeit zu ignorieren, aber dann wird einem das Ausmaß doch bewusst, und spätestens, wenn der Dachdecker kommt und dir sagt, dass auch noch dein Dachstuhl kaputt ist, weißt du, dass es teuer wird. Und wenn du dir kein neues Dach besorgen kannst, hoffst du erst mal auf Sonnenschein, um einige Zeit zu überbrücken. Und wenn du dann den Wetterbericht hörst und es wird für die nächsten Tage Regen angekündigt, sind die Folgen verheerend und du bist ziemlich machtlos.

Ich sitze hier nun und hoffe auf Sonnenschein, und da ich das Wetter im Spätherbst kenne, wage ich es nicht, mir den Wetterbericht anzusehen. Es wäre zu wahrscheinlich, dass es regnet. Und obwohl ich weiß, dass es bereits schon langsam durch die Decke bis ins Erdgeschoss tropft, weigere ich mich rauszugehen, um zu sehen, dass das Dach fehlt!

Ist das logisch? Wie auch immer, ich habe Angst, die Diagnose bestätigt zu bekommen und dann in ein tiefes Loch zu fallen. Auf der anderen Seite möchte ich aber auch endlich zur Ruhe kommen, und es existiert natürlich auch noch immer die Hoffnung, dass es nicht ALS ist! Könnte ich denn wirklich abschalten, wenn ich wüsste, dass es ALS ist? Wohl nicht! Die Erleichterung wäre natürlich riesig, wenn jemand einen anderen Verdacht hätte, aber wie groß sind meine Chancen darauf? Stimmt, ist mir noch gar nicht aufgefallen, wie ich hier argumentiere! Liegt wohl daran, dass ich zu gern eine andere Diagnose hätte.

Es war das erste Mal, nach der ersten Diagnosestellung im Krankenhaus, dass ich von mir aus den Inhalt des vertauschten Koffers genauer unter die Lupe nehmen wollte. Der Termin rückte näher, und je näher er kam, hätte ich ihn am liebsten abgesagt. Aber meine Neugier siegte. Und natürlich war da die große Hoffnung … Die Hoffnung auf eine andere, behandelbare Krankheit.

Bewaffnet mit Arztberichten, Hunderten von Fragen, einer großen Portion Mut und einem Fünkchen Hoffnung ging ich zu dem ersten Gespräch mit diesem Arzt. Damit meine Nerven nicht so flatterten, redete ich mir ein, dass ich jetzt endlich sozusagen zum Fundbüro fuhr. Und selbst wenn dort mein Koffer nicht abgegeben worden war, womit ich natürlich nicht rechnete, wollte ich wenigstens diesen Koffer loswerden. Lieber beschaffte ich mir alles neu, als diesen Koffer länger zu behalten.

Ich erzählte also im Beisein von Stern TV diesem Arzt meine Geschichte.

Obwohl man ja meint, man wäre furchtbar aufgeregt, wenn man gefilmt wird und Kameras einen verfolgen, war es mir eigentlich völlig egal. Ich war so aufgeregt wegen des Arzttermins, dass gar keine Aufregung für das Fernsehteam übrig blieb. Ich hoffte nur, dass der Arzt aufgrund des anwesenden Fernsehens besonders aufmerksam und nett zu mir sein würde.

Ich wurde noch einmal gründlich untersucht, aber es war nichts zu machen, ich musste diesen Koffer wieder mitnehmen. Und diesmal erschien er mir schwerer als zuvor. Ich war erschöpft davon, hinter der Hoffnung herzulaufen. Ihr immer wieder zuzurufen: »Hey, bleib stehen! Warte auf mich!« Ich wollte mir keine Abkürzungen mehr überlegen, um ihr den Weg abschneiden zu können, oder ihr auflauern, um sie zu erwischen. Ich war das alles so leid.

Nun hatte ich also Sicherheit. Erst einmal wurde ich in die Akte ALS eingeordnet. Sicherheit, auf einmal bekam dieses Wort einen ganz neuen Klang für mich. Diese Sicherheit gab mir nun die Sicherheit, dass mein Leben zeitlich limitiert ist. Nun hatte ich die Sicherheit, dass ich für vieles, das ich aufgeschoben hatte, wahrscheinlich keine Zeit, keine Kraft und keine Möglichkeit mehr haben würde. Und noch etwas stellte ich mit Sicherheit fest: Mit ALS bist du ganz schön am Arsch!

Irgendwie hatte ich erwartet, dass ich mit der Diagnose Broschüren, Ratgeber, Aufklärungsbögen, Adressen und Telefonnummern von Selbsthilfegruppen und Vereinigungen bekommen würde. Dem war aber nicht so. Es gab einfach nicht viel über ALS. Im Internet fand man die eine oder andere Seite, auch mal die eine oder andere Stiftung, aber meist waren die Seiten ziemlich verwaist. Wo um alles in der Welt waren denn die Menschen, die sich für ALS einsetzten? Ich meine, ich war auch noch nie in einer polnischen oder spanischen Tötungsstation für Hunde, und doch weiß ich, dass es sie gibt. Bilder davon hatten sich in meinem Kopf festgesetzt, von halb verhungerten und gequälten Tieren, und ich bin mir im Klaren, dass es so etwas auf der Erde gibt. Aber ALS? Und schon bekam ich die nächste Sicherheit: Ich bin eine Minderheit. Ich habe nicht nur eine Scheißkrankheit, ich habe auch noch eine seltene Krankheit. Und sofort folgte die nächste Erkenntnis: Ich habe nicht nur eine seltene Krankheit, ich bin auch noch eine Frau und Mitte 30, was noch seltener ist für diese seltene Krankheit. »Oh mein Gott, ich bin eine Minderheit in der Minderheit.« Na ja, ich kann nicht leugnen, dass ich gerne höre: »Sabine, du bist etwas ganz Besonderes«, aber was ist um Himmels willen auf einmal mit meinem Leben, mit meinen Ansichten los, mit meinen erlernten und für gut befundenen Ansagen? Die nächsten Tage verbrachte ich in einer Art Lauerstellung: Kann nicht mal irgendjemand mein Welt-Gleichgewicht wiederherstellen und irgendeine Ansage vorgeben, die alles wieder in meine gewohnte Ordnung rückt?

Nö, das passierte nicht. Stattdessen hörte ich von flüchtigen Bekannten, die nicht einmal wussten, was ich hatte, aber sahen, dass ich im Rollstuhl saß: »Es gibt immer Schlimmeres. Das wird schon wieder!« Ja, vielleicht hatten sie ja recht oder wahrscheinlich hatten sie recht, nein, sie hatten ganz bestimmt recht, aber gebrauchen konnte ich solche Kommentare trotzdem nicht. Da wären sie mal lieber auf mich zugekommen, hätten mir voll in die Magengrube gehauen und wären anschließend verschwunden. Nach dem Schmerz hätte ich mich dann gefragt: »Was habe ich der oder dem denn getan?«

Auf der anderen Seite ist es ja auch so, dass sich die Menschheit weiterentwickelt hat und mit ihr ihre Verteidigungsstrategien. So wie manche Schlangen im Verlauf der Evolution gelernt haben, Gift zu spucken, und das am besten in die Augen ihres Gegenübers, so haben die Menschen gelernt, sich mit Sprüchen dieser Art zu verteidigen. Denn mal ehrlich, was soll man darauf erwidern, wenn man gesagt bekommt:

»Es gibt immer Schlimmeres«? Man ist sofort mundtot. Und der zweite wahrscheinlich äußerst nützliche Effekt davon ist, dass man sich mit diesem Menschen gar nicht weiter unterhalten braucht. Diese Verteidigungs- und Abwehrstrategie der Menschen hat also seinen Sinn. Ich glaube nicht einmal, dass sie das mit Absicht machen. Sie haben das erlernt und ihr Instinkt sagt ihnen dann, wann sie sich ihr Leben nicht kaputt machen, Bedrohungen nicht in ihr Rudel lassen sollen. Und ich bin definitiv eine Bedrohung. Zwar bin ich kein muskelbepacktes und mit rasiermesserscharfen Zähnen ausgestattetes Tier, aber dennoch habe ich die Macht, ihr Leben ins Wanken zu bringen. Nämlich ihnen zu zeigen, dass sich alles in einem kurzen Moment radikal ändern kann. Dass Gesundheit keine Selbstverständlichkeit ist. Dass sich im Endeffekt alles auf die Gesundheit stützt und nicht auf das Geld, das Ansehen, den Erfolg oder der akkurat geschnittenen Hecke.

Im Duden wird »Sicherheit« so beschrieben:

Zustand des Sicherseins, Geschütztseins vor Gefahr oder Schaden; höchstmögliches Freisein von Gefährdungen.

Also bitte, habe ich dann nicht instinktiv richtig gehandelt, indem ich zum Arzt gegangen bin, um Sicherheit zu erlangen?

Wobei ich natürlich bis dato auch dachte, dass ein Arzt gegen jedes Leiden ein Mittelchen wüsste.

In gewisser Weise bin ich nun erwachsen geworden. Hätte man mir vor zwei Jahren noch eine Tafel mit einem Arzt drauf vorgehalten, dann hätte ich sofort »gesund werden« oder »Heilung« gerufen, heute würde ich wohl eher nach der Odyssee mit herablassenden und ignoranten Ärzten und ihren Fehldiagnosen »Blödmann« oder »Wichtigtuer« rufen. Und hätte man mir eine Tafel mit einem Felsen darauf gezeigt, dann hätte ich wohl »Fels in der Brandung« und »Sicherheit« gerufen. Während ich heute wohl eher »zerschellen« oder »unüberwindbar« flüstern würde.

Es zeigte sich also, dass manche Begriffe, die für andere wahr sind, für mich nur noch Mogelpackungen waren. »Nur wo Nutella draufsteht, ist auch Nutella drin«, verfehlt hier das Thema. Ist Sicherheit also eher ein Vertrag, den man unterschrieben hat oder den man eingegangen ist, ohne das Kleingedruckte zu lesen? Ein Trend, dem man folgen sollte? Ein Make-up, das dir verspricht, deine Falten von innen aufzufüllen? Falten und Makel werden einfach überschminkt und so vergessen.

Wirklich in Sicherheit kannst du dich also nur vor Dingen bringen, die von außen auf dich zukommen.

Ebenfalls im Duden steht: *Geschütztsein vor Gefahr oder Schaden.*

Man kann sich eine Festung, eine Sicherheit zulegen, indem man zum Beispiel eine hohe Hecke ums Haus pflanzt oder sich zentimeterdick Make-up auflegt, aber vor der Bedrohung, die von innen kommt, nämlich einer Krankheit, bist du niemals sicher.

Lass uns was Verrücktes machen

Komm, lass uns was Verrücktes machen,
nur so zum Spaß, ein paar ganz dumme Sachen.
Wir könnten Torte um die Wette essen,
und danach unseren Bauchumfang messen.
Wir könnten uns mit dem Kopf nach unten aufhängen,
und wie wäre es, wenn wir dabei unser Lieblingslied sängen?
Wir könnten auch den höchsten Berg besteigen
und den Wolken unseren nackten Hintern zeigen.
Oder wir beide könnten einfach ein bisschen Liebe machen,
braucht man dann noch verrückte Sachen?

Ich konnte ein kleines Stückchen in mir frei machen, um Platz für andere Dinge jenseits der Krankheit zu haben. Ich konnte beinahe akzeptieren, dass es ist, wie es ist.

Vorhin saß ich mit meinem Lütten auf dem Schoß noch ein wenig auf der Terrasse, wir sahen uns die Sterne an. Wir schauten in den Himmel und kuschelten uns unter der Wolldecke eng aneinander. Da wurde ich auf einmal ganz sentimental, gerade drohten mir ein paar Tränen aus den Augen zu kullern, da meinte mein Sohn, während er auf den Sternenhimmel zeigte: »Mama, weißt du, wie die Sterne da aussehen? Wie ein Stück Pizza!«

Ist es nicht toll, die Welt mal mit Kinderaugen zu sehen? Er war ganz begeistert von den Sternen und wir verbrachten noch einige Zeit damit,

Figuren am Himmel zu entdecken. Auf einmal hatte alles Erlernte und bis dahin Geglaubte keine Bedeutung mehr, und ich bin fest davon überzeugt, wenn ich das nächste Mal in den Himmel schaue, werde ich nicht schwermütig oder bekomme Weltschmerz, sondern höre die vergnügte Stimme meines Sohnes, mit der er sein Stück Pizza da oben beschreibt …

Das wurde für mich zu einem Schlüsselerlebnis und zu meinem Weckruf.
Was nützt es mir, die Diagnose anzuzweifeln, wenn keiner, vor allem mein Arzt, nicht mit zweifelt? Was nützt es mir, hinter einem Leben herzutrauern, das es so nicht mehr gibt, das schon lange von einem anderen Leben abgelöst wurde? Was nützt es mir, an andere Menschen Erwartungen zu haben, die nur enttäuscht werden? Was nützt es mir, darüber nachzudenken, dass ich nicht mehr bin, wie ich war? Moment, zurück. Was nützt es mir, mich in Oberflächlichkeiten zu verrennen und zu denken, dass ich nicht mehr bin, wie ich war? Gut, mein Körper hat sich verändert, aber ich, ich bin noch die Gleiche, ich lache und weine immer noch über die gleichen Sachen, mein Ich ist noch da.

Der Plan war also: den Koffer unter das Bett zu schieben. Erst mal aus den Augen, aber griffbereit, um ihn jederzeit zurückgeben zu können. Eben nicht in den Himmel schauen und tiefschürfende Gedanken darüber anstellen, was einen nach dem Tod erwartet, sondern da oben das eigene Stück Pizza nach Wunsch belegen.

Und so wie ein guter Hefeteig Zeit zum Aufgehen braucht, brauchte auch ich etwas Zeit. Aber ich war bereit.

Am nächsten Morgen wachte ich auf und der Tag brachte neue Erkenntnisse. Die Gedanken nicht mehr nur stur auf ALS oder mich gerichtet, war auf einmal wieder Platz für anderes. Glücklicherweise entstand kein Vakuum, denn meine Gehirnwindungen wurden mit Vertrautem gefüllt. Großartige Ideen, Schaffensgeist und, nicht zu fassen, mein alter Humor kehrte aus seiner Verbannung zurück.

Dadada ... Da war ich wieder. Mensch, was habe ich mich vermisst. Wiedervereint mit mir, war mir klar, dass ich mich nicht wieder verlieren durfte.

Und als ob das Universum und das Landesamt für soziale Dienste nur darauf gewartet hätten, dass ich endlich meine Einstellung ändere, wurde ich mit meinem Schwerbehindertenausweis belohnt. Kaum zu fassen, aber da war er.

Knappe fünf Monate nach Antragstellung war ich nun endlich berechtigt, Behindertenparkplätze zu benutzen, günstiger Museen zu besuchen und und und.

Da war er jetzt – der Ausweis für mein neues Leben. Die Anerkennung der neuen Staatsbürgerschaft für behinderte Menschen. Dieses Dokument belegte: Ich war viele. Wie ein Agent hatte ich nun mehrere Identitäten. Ich besaß meinen regulären Personalausweis, mit einem Foto aus besseren Tagen als Zeugnis dafür, dass ich ein vollwertiger Bürger dieses Landes bin. Hinzu kam der Schwerbehindertenausweis als Nachweis dafür, dass mir zum Beispiel ein Sonderparkplatz zusteht.

Zunächst aber habe ich mich über die 100 Prozent Schwerbehinderung aufgeregt. 100 Prozent? Und was ist mit meinen geistigen Fähigkeiten? Hätte man mir nicht wenigstens ein Prozent lassen können? In allen anderen Bereichen wäre ich mit 100 Prozent einverstanden, aber nicht in diesem.

Na, immerhin brauchte ich keinen Verschlechterungsantrag zu stellen. Denn von den Erzählungen anderer Betroffener wurde mir angst und bange. Kaum war der Schwerbehindertenausweis da, reichte er schon nicht mehr und man musste entweder Einspruch erheben oder eben einen Verschlechterungsantrag stellen.

Nichts ist so schlecht, dass es nicht auch etwas Gutes beinhalten würde.

Als Nächstes wollte ich herausfinden, wie ich nun zu dem dazugehörenden Parkausweis käme. Also habe ich beim Amt in Lunden angerufen. Es versprach unkompliziert zu werden, denn man wusste gleich, zu wem man mich durchstellen musste.

Das Telefonat, frei wiedergegeben, verlief etwa so:

Beamter: Amt Lunden, guten Tag, wie kann ich Ihnen helfen?

Sabine: Schönen guten Tag, Niese mein Name. Ich brauche einen Parkausweis für Schwerbehindertenparkplätze.

Beamter: Hallo Frau Niese. Kein Problem. Haben Sie einen Schwerbehindertenausweis?

Sabine (ganz stolz): Ja, seit heute.

Beamter: Ah, sehr gut. Welche Merkzeichen haben Sie denn?

Sabine: Ähm, also B (Begleitperson), G (gehbehindert) und aG (außerordentlich gehbehindert).

Beamter: Sehr schön. Dann sind Sie ja berechtigt. Dann kommen Sie doch einfach hier vorbei und ich stelle Ihnen einen Parkausweis aus.

Sabine: Kann ich auch meinen Mann schicken?

Beamter: Nein, das geht leider nicht, denn Sie müssen unterschreiben.

Sabine: Kommen Sie dann zu mir? Also mir entgegen, oder wie soll das funktionieren? Es gibt bei Ihnen doch keine Klingel.

Beamter: Nein, Sie müssten schon zu mir in das Amtszimmer kommen.

Sabine: Aber es sind bestimmt 17 oder 18 Stufen bis zum Eingang und es gibt keinen Rollstuhleingang und auch keine

Klingel unten an der Treppe. Und wie Sie ja eigentlich wissen müssten, bin ich mit dem Merkzeichen aG kaum in der Lage, vom Rollstuhl aufzustehen und die Treppe hochzusteigen.

Beamter: Oh, ach so, ja. Das ist wohl ein Problem.

Sabine: Kann ich deshalb bitte doch meinen Mann schicken?

Beamter: Ja, na gut, dann machen Sie das. Ihr Mann muss ein Passfoto von Ihnen mitbringen.

Sabine: Gut, vielen Dank. Ich schicke dann gleich meinen Mann. Auf Wiedersehen.

Beamter: Auf Wiedersehen.

Ich musste unwillkürlich lachen. Vielleicht entlud sich bei mir einfach auch der Frust über die 100 Prozent Schwerbehinderung.

Nachdem mein Mann und ich uns über dieses Telefongespräch amüsiert hatten, ist er dann los. Keine halbe Stunde später stand er mit meinem Parkausweis in der Hand winkend vor mir im Wohnzimmer.

Jetzt hielt ich ihn in den Händen, den offiziellen Berechtigungsausweis, um auf einem Rollstuhlparkplatz parken zu dürfen. Unscheinbar, aber heiß begehrt, wie ich bald feststellen musste. Denn es gibt so viele Menschen, die einfach zu gerne auf diesen großzügigen Parkplätzen nah an den Ein- oder Ausgangsbereichen parken. Berechtigt oder meist unberechtigt. Auch wenn die Deutschen sonst in Zügen oder Flugzeugen auf ihre reservierten Plätze bestehen und diese, so hat man manchmal den Eindruck, zur Not mit Waffengewalt einfordern würden, verhält es sich hier ganz anders.

Es wird munter auf den – ja ebenso reservierten – Schwerbehindertenplätzen geparkt. Zum Ein- und Ausladen. Nur mal schnell oder auch mal länger, weil man gerade einen

Großeinkauf macht und nicht alles diesen langen Weg zum Auto schleppen will.

Und dann sind da noch jene Menschen, die wahrscheinlich gar nichts dafür können, dass du als Behinderter nicht auf dem dir zugedachten Parkplatz parken kannst. Denn diese Menschen haben die Bedeutung dieser Parkplätze wohl einfach nicht verstanden. Denn: Behindert kommt ja von behindern, nach ihrer Logik. Und so wird alles, was nur irgendwie behindert, sei es ein Container für Bauarbeiter oder Schnee im Winter, auf die Behindertenparkplätze abgeladen, damit es eben nicht behindert. Sollte ich also besser davon ausgehen, dass diese Menschen gar nicht rücksichtslos und unbedacht sind, sondern einfach nur dumm?

Im Kampf um diese Parkplätze spielen sich wirklich zum Teil dramatische Szenen ab. Wie viele Menschen mögen beim Kampf um irgendeinen Sitzplatz vielleicht schon verletzt oder gar getötet worden sein?

Eindeutig war hier wohl derjenige im Recht, der den entsprechenden blauen Parkausweis besaß. Also ich! Und so versuchte ich auch dann und wann, wenn sich die Gelegenheit dazu bot, mein Recht auf diesen Parkplatz durchzusetzen. Mit der Bitte, den Parkplatz frei zu machen, weil ich ihn wirklich benötigte, sprach ich die Menschen durch das offene Autofenster an. Und was ich dann meistens geboten bekam und erlebte, kam mir als dreifache Mutter nur allzu bekannt vor. Da wurde geschimpft wie Rumpelstilzchen. Gebrüllt und gemeckert, gepöbelt und beleidigt. Meine Güte, als wären sie im Kindergartenalter, es fehlte nur noch, dass sie sich auf den Boden warfen, mit Händen und Füßen strampelten und schrien: »Ich will aber, ich will aber!« Im besten Fall konnte man bei manchen pubertierenden Mittfünfzigern nach langen und lauten Diskussionen erreichen, dass sie ihre

Autotür zuknallten wie mein Sohn seine Zimmertür, und beleidigt davonrauschten. Ich konnte es nicht hören, aber bestimmt schrien sie noch völlig hysterisch: »Boah, ihr seid soo gemein!«

Erschöpft, aber siegreich konnten wir dann unseren Parkplatz einnehmen. Irgendwann beschloss ich, dass ich zu diesem entwürdigenden Spiel keine Lust mehr hatte. Ich hatte auch keine Lust, die Polizei zu rufen. Denn bis die kam und der Parkplatz frei gemacht war, waren die Geschäfte längst geschlossen oder der Arzttermin bereits verjährt. Ein weiteres Problem wäre eventuell noch: Was ist, wenn der Besitzer des Autos genau in dem Moment wiederkommt, wenn sein Auto abgeschleppt wird? Horror! Dann meldete sich die kleine Sabine in mir, die auch auf gar keinen Fall wollte, dass jemand abgeschleppt würde, der vielleicht ebenfalls auf diesen Parkplatz angewiesen war und nur seinen Ausweis vergessen hatte.

Und das allergrößte Problem an der ganzen Sache war, dass selbst wenn du dich dann bei den Läden beschwerst, es meist so ist, dass sie der Stadt die Schuld geben und sagen, dass sie da gar nichts machen können. Sie sind angeblich nicht einmal dazu berechtigt, diese Fahrzeuge auszurufen. Na ja, so ganz wollte ich das nicht glauben, aber was hatte ich dagegenzusetzen? Auffallend war nur, dass meist teure Sportwagen auf diesen Parkplätzen standen, und wahrscheinlich erhofften sich die Läden von diesen Kunden mehr Geschäft als von mir, und deshalb werden diese Falschparker wohl durchaus gerne »geduldet«.

Aber so einfach hinnehmen wollte ich das auch nicht. Deshalb entwarf ich eigene Visitenkarten.

♥-lichen Glückwunsch, dass Sie noch so gut laufen können !!!

**Ich hoffe sehr,
dass Sie diesen Parkplatz
niemals wirklich benötigen !!**

www.hetz-jagd-ins-licht.de

Wir änderten von da an unsere Strategie. Wir gingen nicht mehr direkt an die Front, um Bomben zu werfen, sondern wir bevorzugten in diesem Bereich nun die psychologische Kriegsführung.

Ein Fisch an der Angel

Ein Fisch an der Angel ist besser als ein Schiff auf dem Grund.

Dieter Wratschko (mein Papa)

Getreu dieser Weisheit meines Vaters ging es nicht darum, irgendwelche Schiffe zu versenken oder Parklätze zu erkämpfen, sondern es ging darum, das Überleben zu sichern.
Denn der Krieg und der Kampf mit den Ämtern ist noch einmal eine ganz andere Hausnummer. In diesem Krieg werden harmlose Briefträger dazu missbraucht, verheerende Botschaften zu überbringen, und der Briefkasten ist dann nicht mehr nur ein Blechkasten, der an der Hauswand hängt. Er wird zur tickenden Zeitbombe. Sobald du den Brief herausgenommen hast, beginnt der Countdown. Dir ist klar: Er wird keine Warnung enthalten, sondern einen Vergeltungsschlag, dein Leben wird danach aussehen wie nach der Atombombe. In der Hoffnung, als Überlebender dem Inferno zu entgehen, öffnest du den Brief, denn tust du es nicht, werden dein Leben und das deiner Angehörigen ganz bestimmt ausgelöscht.

Nach einem kurzen Waffenstillstand war es nun wieder so weit. Wir waren erneut ins Visier des Arbeitsamtes geraten. Verflixt. Diesmal ereilte mich die Nachricht von der Front während eines Heimaturlaubs bei meinen Eltern. Mein Mann überbrachte mir per Telefon die Botschaft, dass wieder eine Bombe tickte.

Nachdem das Amt nun wohl eingesehen hatte, dass man mich nicht mehr vermitteln konnte, wurde ich ausrangiert. Das war ja zunächst ein Ding. Okay, aber was sollte ich machen? Denn arbeiten gehen konnte ich nicht. Aber wie stellt man einen Rentenantrag? Damit hatte ich mich noch nie beschäftigt. »Kein Problem«, erklärte mir mein Mann, »ein Antrag ist schon dabei.«

Ach, wie einfach. Verwundert über so viel Zuvorkommen seitens des Amtes machte ich mich daheim gleich daran, den Antrag auszufüllen. Es war immerhin das erste Mal, dass ein Amt freiwillig einen Antrag mitgeschickt hatte. Vielleicht, weil sie nun nicht mehr für mich zuständig waren?

Wir waren längst dazu übergegangen, alle Anträge und ausgefüllten Formulare persönlich abzugeben. Denn die Erfahrung hatte uns gelehrt, dass sie sonst meistens angeblich »nicht angekommen« sind. Dies erfährt man aber auch nur aus einem weiteren Drohbrief, in dem mitgeteilt wird, dass man seiner Mitwirkungspflicht nachkommen muss, andernfalls werden die Bezüge gekürzt. So, und dann beweise mal, dass du einen Brief tatsächlich abgeschickt hast. Also verband mein Mann den Ausflug zum Arbeitsamt, um sich einen Stempel als Nachweis zu holen, gleich mit Besorgungen in der Stadt.

Das Rententhema war eine Sache für sich. Zwar hatte ich den Antrag fristgerecht abgegeben, doch damit war es noch lange nicht getan. Kurz darauf kam ein weiterer Antrag von meiner Rentenversicherung. Voller Optimismus füllte ich auch ihn aus und wir suchten die entsprechenden Dokumente zusammen. Und dann ab in die Post damit. Irgendwann klingelte das Telefon, es war der für mich zuständige Sachbearbeiter der Rentenanstalt. Er wollte wissen, was ich 1992 von dann bis dann gemacht hatte. So spontan wusste ich das nicht mehr. Ich fragte ihn, warum er mir das nicht sagte, denn ich hätte doch alles in den Antrag geschrieben. Nein, er wollte das jetzt von mir wissen. Ich wurde etwas nervös und hatte irgendwie ein Brett vorm Kopf. Es fiel mir einfach nicht ein. Das Gespräch ging hin und her, und schließlich wurde der Mann zickig und ich wütend. Anfangs hatte ich ihm noch versucht zu erklären, dass ich irgendwie gerade ein Brett vor dem Kopf hatte, aber jetzt meckerte ich ihn an: Ob er sich nicht vorstellen könnte, dass ich ganz andere Sorgen hätte. Und dass er ruhig etwas netter und geduldiger sein könnte. Immerhin müsste er sich doch täglich mit kranken Menschen auseinandersetzen.

Um eine vorsichtige Wertung abzugeben: Wir wurden keine Freunde. Und um mir das auch von ihm aus klarzumachen, bekam ich prompt einen weiteren Fragebogen per Post. Wieder hieß es: Fragen beantworten. Aber diesmal verstand ich sie nicht. Oder eher gesagt, ich traute mich nicht, diesen Antrag selbst auszufüllen. Die Fragen waren so verschachtelt gestellt, dass sich bei mir Misstrauen regte. Ich hatte furchtbare Angst, eine falsche Antwort zu geben. Wir brüteten einige Zeit darüber, aber keiner traute sich so recht an diesen Fragebogen heran.

Wieder einmal musste Hilfe her. Monate waren vergangen, seitdem ich den ersten Fragebogen beantwortet hatte, und bald würden wir vom Arbeitsamt kein Geld mehr bekommen. So machten wir uns auf zum Sozialverband Deutschland (SoVD). Wir übergaben der Mitarbeiterin nach einem Vorgespräch unsere Unterlagen und sie kümmerte sich um alles Weitere den Rentenantrag betreffend.

Es dauerte nicht lange und ein freundlicher und gut gelaunter Sachbearbeiter der Rentenversicherung rief mich an, um mir mitzuteilen, dass mein Rentenantrag durch sei. In den nächsten Tagen würde ich den Bescheid bekommen. Ich konnte es nicht glauben, es war tatsächlich der Mann, der mich damals angerufen hatte. Konnte ein Stempel des SoVD tatsächlich so viel bewirken?

TATATA …

… mein Rentenbescheid ist da!
Nun bin ich also im Ruhestand! Rente wegen voller Erwerbsminderung.
Da ich rückwirkend seit dem 1.4.2010 in Rente bin, habe ich also auch dazu beigetragen, dass die Arbeitslosenzahlen gesunken sind …

Rente wegen voller Erwerbsminderung … Endlich war ich etwas beruhigter. Nicht, weil ich nicht arbeiten wollte. Aber diese Rente konnte mir keiner so schnell nehmen und ich musste sie auch nicht alle sechs Monate neu beantragen. Endlich wieder ein Stückchen Sicherheit.

Jetzt wurde noch einmal Jörgs Arbeitslosengeld 2 neu berechnet und dann wollten wir uns endlich etwas entspannen.

Unsere Seefahrtskarte war abgefahren.

a) Die Rente durch,

b) das Arbeitslosengeld 2 neu berechnet,

c) ich war beim Arzt

d) und ich hatte mittlerweile auch eine Patientenverfügung, eine Vorsorgevollmacht und eine Generalvollmacht unterschrieben.

Ich hatte bislang keine Ahnung davon, wie wichtig es ist, sich frühzeitig darum zu kümmern, unter welchen Umständen man am Leben erhalten werden will. Wer soll für mich entscheiden, wenn ich das selber nicht mehr kann?, lautete die zentrale Frage. Ich wurde darüber aufgeklärt, dass das entgegen meiner Annahme nicht automatisch mein Ehepartner ist. Also befasste ich mich etwas intensiver mit diesem

Thema. Während ich die ganzen Informationen las, kam mir nicht selten der Gedanke: »So ein Blödsinn, was machst du hier eigentlich?« Dennoch wollte ich keinesfalls, dass vom Gericht ein Vormund bestellt wurde, der, ohne mich zu kennen, über mein Leben entscheidet.

Ich stellte mir einen genervten und arroganten Beamten vor, der morgens noch Streit mit seiner dominanten Ehefrau hatte und nun über mein Leben entscheiden sollte. Er würde einen Blick auf mich werfen, anschließend über seine scheußlich gemusterte Krawatte wischen und den Kopf schüttelnd beschließen: »Na, da kann man ja nicht mehr viel machen.«

Ein wirklich schwieriges Thema, denn ich musste ja auch mit meiner Familie darüber sprechen. Ich konnte nicht einfach jemanden bestimmen, ohne mit ihm darüber geredet zu haben. Als ich meinen Mann, meine Eltern und meine Schwester fragte, haben sie sofort »Ja« gesagt. Es beschlich mich aber das Gefühl, dass auch meine Familie dieses Thema einfach gern vom Tisch haben wollte. Denn je mehr ich darüber redete, kam heraus, dass natürlich keiner sich um diese Aufgabe riss, sich bislang weder damit beschäftigt noch je damit gerechnet hatte. Und dies auch überhaupt nicht gern machen wollte.

Natürlich wollten alle das Beste für mich, aber sich gedanklich damit zu beschäftigen, wie, wann und wieso mein Leben beendet werden sollte, fiel verständlicherweise schwer. Auch die Verantwortung zu übernehmen – für mein Leben und, schlimmer noch, für mein Sterben. Natürlich wollte am liebsten keiner darüber reden und nachdenken. Wenn man ganz gesund ist, trifft man vielleicht leichter solche Entscheidungen. Aber wenn man so eine Diagnose bekommen hat, diese Eventualität so nah ist, setzt man sich wohl erst wirklich mit der Tragweite dieser Entscheidungen auseinander.

Ich entschloss mich, nach vielen Gedanken und einigen Gesprächen, meinen Mann und meine Eltern als Vormund für mich einsetzen zu lassen. Mein Mann, weil er mir sehr nahesteht, und meine Eltern, na klar, weil ich ihr Kind bin und sie mich niemals einfach aufgeben würden. Mein Mann würde hingegen immer meine Wünsche respektieren und darauf achten, dass sie berücksichtigt werden. Ich malte mir aus, dass mein Mann und meine Eltern zusammen in jedem Fall ein für mich zufriedenstellendes Ergebnis herbeiführen würden.

Je mehr ich mich allerdings mit dem Thema befasste, verstand ich, dass diese Verfügungen nicht mal eben so gemacht werden und viele Vorlagen, die ich im Internet fand, nicht auf mein Leben als junge Frau und vor allem als Mutter ausgelegt waren. Deshalb entschloss ich mich, das Ganze richtig in die Hand zu nehmen. Ich machte also einen Termin bei einem Notar. Nebenbei pumpte ich meine Eltern noch um Geld an, denn so eine Verfügung kostet auch noch richtig Geld. Es reichte wohl nicht, dass ich mit meinen Eltern schon über mein Lebensende sprechen musste, ich musste mir dafür auch noch Geld von ihnen leihen.

Nun gut, nun war die Sache angegangen und ich fuhr mit meinem Mann und einem seltsamen Gefühl in der Magengegend zum Notar. Dort wurde ich erst einmal aufgeklärt, an was man alles in meinem Fall, auch wegen der Kinder, denken musste.

Ein bisschen hatte das Ganze auch von einem Besuch im Reisebüro, denn letztendlich wurde hier ja über meine letzte Reise gesprochen. Die Route wurde besprochen und festgelegt, dann wurden die Zwischenstopps kalkuliert und so weiter. Zum Schluss buchte ich das »Rundum-sorglos-Paket«.

Ich war erleichtert, das nun hinter mich gebracht zu haben, und wollte nie, nie wieder darüber nachdenken. Als die notariell beglaubigten Urkunden bei uns eintrafen, verteilte ich sie und legte einen Ordner mit dem Aufdruck »WICHTIG WICHTIG WICHTIG« an, um ihn dann im Regal verschwinden zu lassen und mich nicht weiter mit dem Thema beschäftigen zu müssen.

Fazit der ganzen Angelegenheit ist, dass wirklich jeder so eine Patientenverfügung und Vorsorgevollmacht haben sollte, auch wenn er gerade keine unheilbare Diagnose bekommen hat. Man lässt sich doch ständig irgendwelche Versicherungen aufschwatzen, und diese Absicherung ist sehr viel wichtiger als manch andere sonst.

Es war schon seltsam, sich darüber Gedanken zu machen: Was, wenn du nicht mehr atmen kannst, inwieweit willst du lebenserhaltene Maßnahmen? Ich hatte mich dazu entschieden, mich beatmen und auch künstlich ernähren zu lassen. Auch wenn ich vielleicht nicht mehr sprechen kann, komplett gelähmt bin, kann ich doch für meine Kinder noch da sein. Ich bin zuversichtlich, dass meine Familie mich pflegen wird. Und ich will meine Kinder um jeden Preis aufwachsen sehen. Ich habe auch vor dem Sprachcomputer nicht mehr so große Angst. Meine Krankenkasse machte es möglich, dass ich dieses Gerät schon vier Wochen testen konnte, obwohl ich noch sprechen kann. Was ja auch meiner Ansicht nach viel mehr Sinn macht, denn wenn ein Betroffener, der schon nicht mehr sprechen kann, mit dem Computer nicht zurechtkommt, irgendetwas nicht versteht, wie soll er dann noch seine Fragen stellen?

Über die Möglichkeit, den Sprachcomputer testen zu dürfen, bevor ich ihn brauchte, war ich so glücklich, dass ich das gleich der Redakteurin von Stern TV erzählt habe. Und Stern TV ließ sich nicht entgehen, dies zu filmen. Ich fand das super, denn so erhielten vielleicht auch andere Betroffene von ihrer Krankenkasse die Chance, dieses Gerät zu testen und ihre Ängste abzubauen.

Etwa um 14 Uhr kamen der Pressesprecher der Krankenkasse, der Leiter der Hilfsmittelzentrale und der Fachmann für die Kommunikationscomputer und sie brachten mir ein Gerät. Ruck, zuck war es aufgebaut und ich wurde eingewiesen. Ich bin soooo baff, wie einfach das Gerät zu verstehen und zu bedienen ist ... und wie schnell es geht ... unglaublich. Außerdem finde ich es super, dass es bei meiner Krankenkasse üblich ist, ein Kommunikationsgerät zu erhalten und ausprobieren zu dürfen, solange man noch sprechen kann, so hat man Zeit, es zu verstehen und sich mit der Technik anzufreunden. Es macht ja auch mehr Sinn, weil man dann noch nachfragen kann. Auf jeden Fall ist es so, dass ich jetzt weniger Angst habe, denn selbst wenn man nicht mehr sprechen kann, hat man mit so einem Gerät wirklich schnell ein paar Sätze getippt.

»Tippen« tut man in diesem Fall mit den Augen. Auf dem Bildschirm des Computers ist eine Tafel mit allen Buchstaben und Zeichen abgebildet. Darunter befinden sich zwei Infrarotkameras, die auf die Bewegungen der Augen reagieren. Schaut man nun zwei, drei Sekunden auf einen Buchstaben, wird er übernommen und im Schriftfeld angezeigt. Und so bildet man dann die Worte. Um zum Beispiel »Christian ist ein Pupsi« zu schreiben, schaut man auf das »C«, dann auf das »H«, auf das »R« und so weiter, bis der Satz komplett erscheint. Dann schaut man auf den dargestellten Mund neben dem Textfeld und der Computer spricht den Satz. Was sich bei diesem Satz durch die Computerstimme wirklich lustig anhört.

Man kann auch fertige Sätze speichern, um zum Beispiel schnell und mühelos um etwas bitten zu können. Mittlerweile gibt es sogar die Möglichkeit, seine eigene Stimme aufzunehmen. Ich bin sehr froh, dass ich das gemacht habe, denn man sollte für die Aufnahme noch recht gut sprechen können. Und dann bildet der Computer die Sätze mit meiner Stimme. Meiner Meinung nach eine Wahnsinns-Erfindung, denn die Stimme ist wirklich nah am Original, und gerade für meine Kinder ist das toll. Denn eine Computerstimme ohne Wärme und vertrauten Klang kann doch die Stimme der Mutter einfach nicht ersetzen.

So ziemlich meine erste Frage war, wie laut dieses Gerät sprechen kann. Denn bei vier Männern im Haus muss ich mich durchsetzen können. Und falls es dann doch nicht laut genug ist, wird es sicher eine Möglichkeit geben, ein Dolby-Surround-System anzuschließen, hoffe ich!

Ich habe zwar große Angst, dass ich irgendwann nicht mehr sprechen kann, aber jetzt weiß ich, dass es dennoch eine Möglichkeit zur Verständigung gibt. Es ist ganz bestimmt nicht das Gleiche, wie selber zu sprechen, aber es ist eine große Hilfe. Ich bin dankbar, dass ich das Gerät bereits ausprobieren durfte und so einige Ängste abbauen konnte.

Ich kann mir einfach kein Leben ohne Sprache vorstellen. Ich muss reden. Ich liebe es zu reden. Sabbeln, quatschen, diskutieren, telefonieren, mit Fragen löchern, überzeugen und was es sonst noch so gibt. Niemand, der mich kennt, kann sich vorstellen, dass Sabine irgendwann nicht mehr spricht. Ich hoffe inständig, dass ich ewig sprechen kann.

Mir ist es wichtig, trotz allem noch für meine Kinder da sein zu können. Ich möchte ihnen Fragen beantworten, Ratschläge geben und auch meine Meinung zu etwas sagen können. Sie trösten, wenn sie traurig sind. Mit ihnen diese aberwitzigen »Nein-doch«-Diskussionen führen und gemeinsam über Erinnerungen sprechen, darin versinken und darüber lachen. Für mich ist unbestritten, dass Worte sehr verletzen können, aber Worte, die nie gesagt wurden oder nicht mehr gesagt werden können, können noch mehr verletzen.

Gefesselt

Gefesselt

Gefesselt, geknebelt, gebunden
Geschnitten, verletzt, offene Wunden.

Zement, Beton, vermauern
Leben, Ziele, und um diese trauern.

Atmen, stöhnen, keuchen
Krankheit, ALS und andere Seuchen.

Wasser, strampeln, ertrinken
Sumpf, Matsch, im Moor versinken.

Piksen, stechen, bohren
Mutlos, traurig, Hoffnung verloren.

Verfolgen, hetzen, jagen
Kopf hoch, hoffen, das Leid ertragen.

Aber jetzt war erst mal Entspannung angesagt. Einfach, so gut es ging, normal leben. Abends gemeinsam auf dem Sofa liegen, einen Film anschauen und es sich richtig gemütlich machen.
Jeder von uns kennt das bestimmt: Man hat sich gerade hingesetzt oder hingelegt, will sich ein wenig ausruhen, ausspan-

nen, da klingelt es an der Tür. Und genau so erging es uns. Ich war so knapp davor, mich zu entspannen, ich war so knapp davor, einfach mal mit meinem Mann auf dem Sofa zu liegen, ich war so knapp davor, ein bisschen Normalität zu leben, da klingelte es an der Tür. Und vor der Tür stand Frau Tod. Sie schob mich zur Seite und stand mitten im Wohnzimmer. Mitten in meinem Leben.

Die Traurigkeit überfiel mich wie eine Nachbarin, die ohne Unterlass redet. Ich konnte nichts gegen sie tun. Egal, wie sehr mein Mann versuchte, mich zu trösten und Frau Tod loszuwerden, sie blieb. Und da sie sich bei uns wie zu Hause fühlte, öffnete sie auch gleich die Tür, um ihre Familie auch noch hereinzulassen.

Gestern war ein schlimmer Tag! Ich habe nur geweint. Ich war so deprimiert. Irgendwie habe ich das Gefühl, das Leben zieht an mir vorbei, oder schlimmer noch, die Menschen ziehen an mir vorbei. Immer öfter fällt mir auf, dass ich benutzt werde, um den Müll bei mir abzuladen. Wieso mache ich das eigentlich mit? Gestern war ich eigentlich zum Kaffeetrinken verabredet, aber niemand kam, es wurde noch nicht einmal abgesagt! Ich war wirklich traurig. Na ja, das Kaffeetrinken ist vielleicht nicht mehr so amüsant oder spannend wie früher. Was habe ich denn schon groß zu erzählen? Ich hätte natürlich etwas zu erzählen, aber wahrscheinlich nicht lustig oder witzig genug, wie sie es gern wollen. Wie auch immer, gestern war ein schwarzer Tag! So was muss es auch geben ... Wäre ja auch verwunderlich, wenn ich nicht solche Tage hätte, oder?

Was war hier eigentlich los?

Ständig hatte ich Angst, die Kontrolle über meinen Körper zu verlieren. Jetzt wurde mir klar, dass ich die Kontrolle über meine Gefühle verloren hatte. Meine Gefühle, auf die ich mich sonst so gut verlassen konnte. Ich saß da, Frau Tod und Familie tanzten durch unser Wohnzimmer, und ich konnte nichts dagegen tun. Mein Mann war genauso hilflos, und so ließen wir das einfach über uns ergehen. Als endlich dieser Anflug von Traurigkeit vorbei war, fühlte ich mich richtig missbraucht. Missbraucht von meinen eigenen Gedanken und Gefühlen. Ich war machtlos und ahnte, dass dies öfter passieren würde. Jetzt stieg Angst in mir auf. Ich wollte und konnte einfach nicht zur Ruhe kommen. Ich musste das irgendwie kontrollieren. Parallel zu dem Versuch, die Kontrolle wieder zu erlangen, startete ich mein Abwehrmanöver »beschäftigen«. Am besten alles und alles auf einmal.

Wenn da nur nicht diese ALS wäre, die mir so vieles nicht gönnt. Und ich mir doch nur einmal nicht selbst im Weg stehen würde oder der Regen oder der nicht aufgeladene Akku vom Rolli oder oder …

Natürlich wollte ich lauter Dinge machen, die eigentlich nicht mehr so wirklich gingen. Wenn ich mit dem E-Rolli rauswollte, regnete es, und wenn ich mal wieder die Wohnung umräumen wollte, hatte keiner Lust, das für mich zu machen.

Es reihte sich Enttäuschung an Enttäuschung. Die Reihe wurde immer länger. Nachdem sich alle Enttäuschungen brav angestellt hatten, um ihrem Kummer Luft zu machen, gliederten sich auch gleich noch Frust und Wut mit ein. Während die Enttäuschungen eigentlich ganz ruhig geblieben wären, wurden Frust und vor allem Wut immer lauter und unbändiger. Es wurde wie bei einem ausverkauften Konzert oder eher wie kurz vor dem Mauerfall gedrängelt und laut protestiert. Alle wollten durch zu mir, den besten Platz erhaschen. Als Erster im Land der Freiheit und des Konsums ankommen. Sich bedienen an den Tränen und den Klagen. Möglichst weit vorne. Das Beste bekommen und davon am meisten. Und ich dachte: Was der ehemalige Bundeskanzler konnte, kann ich auch: aussitzen.

Bloß nicht die Nerven verlieren, ruhig bleiben, keine Entscheidungen treffen, die ich später bereuen könnte.

Immer nett lächeln und sagen: Alles okay, mir geht es gut! Alles kein Problem!

Aber genau so, wie irgendwann die Mauer nachgab, gab auch ich irgendwann nach. Die Dämme brachen und ich heulte und beklagte mich.

Dieser Ausbruch fühlte sich ähnlich an wie Erbrechen. Zuerst schwallartig im hohen Bogen. Dann nur noch, um den Magen leer zu bekommen, schließlich Galle und würgen.

Vor ein paar Jahren habe ich mal einen Schluck Kaffee aus dem falschen Becher getrunken. Mein Mann trinkt seinen Kaffee mit Milch, ich hingegen meinen Kaffee nur mit Süßstoff oder Zucker, weil ich Milch überhaupt nicht vertrage. Irgendwie hatte er seinen Kaffeebecher anders hingestellt. Ich wollte einen Schluck aus meinem Becher nehmen und erwischte seinen. Beim Schlucken habe ich schon geschmeckt, dass es der falsche war, aber da war es bereits zu spät und dieser falsche Schluck gelangte in meinen Magen. Ich wollte das nicht überbewerten und versuchte, ruhig zu bleiben. Aber allein dieser Geschmack im Mund machte mich irre. Nach dem Zähneputzen dachte ich: Das war's – es ist nichts passiert.

Welch Irrtum, es dauerte nicht lange und ich übergab mich vom Feinsten, und das zwei Tage lang. Von da an waren wir sehr vorsichtig mit unseren Kaffeetassen. Entweder verschiedene Farben oder ganz, ganz weit auseinanderstellen.

Das hätte ich mal lieber mit meinen Gefühlen und Erwartungen auch gemacht. Ganz weit auseinanderhalten. Gelingt aber nicht. Denn erst mal weiß man nie, welche Farbe sie gerade haben, und zweitens tarnen sie sich auch schon mal ganz gern.

Ein weiteres Problem ist das Verzichten. Auf Milch oder Milchprodukte zu verzichten, ist für mich nicht sonderlich schwer. Es gibt ja Ersatz. Zum Beispiel Soja- oder Reismilch. Aber auf Gefühle zu verzichten, ist kaum machbar. Du musst es schaffen, absolut alle auszusperren, denn hat erst ein Gefühl den Weg gefunden, kommen alle anderen nach. Was ist wohl wichtiger, Gefühle oder Essen?

Beides ist wichtig. Du kannst weder auf Nahrung verzichten noch ohne Gefühle leben. Und trotzdem wollte ich das versuchen. Eine kleine Gefühlsdiät konnte doch nicht schaden.

Ich nahm mir vor, eine FDH zu machen: Fühl die Hälfte. Doch wie eine harmlose, zuerst vielleicht gesunde Diät in Magersucht umschlagen kann, kann eine Gefühlsdiät in Resignation enden.

Gott sei Dank war mein Hunger nach Leben und Gefühlen größer als jedes Verlangen nach Gefühls-Size Zero. Ich wollte nicht auf diese Genüsse verzichten. Ich wollte ein dickes, fettes Herz. Schlemmen im Schlaraffenland der Gefühle. Lieben, geliebt werden, kuscheln, lachen und was es sonst noch für Leckereien gibt. Und wenn ich dabei doch mal Gefahr lief, etwas Falsches zu verschlingen, war ich bereit, es zu erbrechen. Aber ich hatte fest beschlossen, anschließend wieder an den Kühlschrank zu gehen, um weiterzuschlemmen.

Nach so einem Einbruch, nach diesem emotionalen Erbrechen, fühlte ich mich meist kraftlos. Es ist so anstrengend zu weinen. Mit jeder Träne gebe ich Lebensenergie. Es kostet so viel Kraft, sich wieder aufzurappeln, und ich habe manchmal das Gefühl, als müsste ich wieder von vorne beginnen. Mein Energiehaushalt gerät dann völlig aus dem Ruder.

Wie ein aggressiver Virus springt diese Stimmung dann auf die ganze Familie über und alle sind schlecht gelaunt und ausgelaugt. Um nicht allzu häufig diese Viren zu verteilen, fing ich an, mir mein Stück Pizza ganz sorgfältig mit lauter leckeren Sachen zu belegen. Aber damit mir das optimal gelang, musste ich zunächst wissen, wie viel Blech mir überhaupt zur Verfügung stand, also wie viel Raum, um mich zu entfalten.

Gar nicht so einfach für einen Genussmenschen wie mich. Und auch jetzt noch sind meine Augen ab und zu größer als der mir zur Verfügung stehende Pizzaboden. Sprich, meine Pläne und Ideen sind größer, als ich umsetzen und verdauen kann. Und so kommt es oft vor, dass die ganzen tollen Ideen und Pläne auf dem Weg zur Erfüllung auf dem Boden der Realität landen, wie eben der Belag der Pizza manchmal auch auf dem Weg zum Mund verloren geht. Das Gute daran ist, dass ich nun weiß: Es ist nicht schlimm, den ganzen Belag einfach in den Müll zu werfen, denn auch die Mülltonnen werden geleert, wann immer ich das möchte.

Kuchenrezept

Kuchenrezept nach guter alter, naiver Art
für einen leckeren Erwartungs-Gugelhupf:

Als Basis 2 Becher Lebenssituation
2 große Becher Wünsche
4 große Becher Gefühle
1 Prise Naivität
1 Messerspitze Fantasie (als Hefeersatz)

Alles gut miteinander verrühren. Das Endprodukt sollte so geschmeidig sein, dass man die einzelnen Zutaten nicht mehr voneinander trennen kann.

Den Teig an einem warmen Ort gut gehen lassen. Er sollte etwa das Zehn- bis Zwölffache seiner Größe erreichen.

Dann die Masse trotz aller Skepsis in eine viel zu kleine Form füllen und mit viel zu großer Erwartung goldbraun bis schwarz backen – je nach Bedarf und Geschmack.

Nach der Backzeit kann der Kuchen noch mit etwas total unrealistischer Vorfreude dekoriert werden.

Auch ein Kuchen kann, isst man ihn noch warm, mit allzu großer Gier direkt aus dem Ofen, zu Erbrechen führen. Groß

wie ein überdimensionaler Geburtstagskuchen erscheinen mir oft meine Erwartungen für mein Leben. Alles wird in einen Zauber gehüllt von diesem verlockenden Duft. Alles ist so bunt wie auf einer Party.
Man soll die Feste eben feiern, wie sie fallen. Aber eine ganz einfache Lebensweisheit besagt: Sind deine Erwartungen zu groß, werden sie enttäuscht. Ist deine Portion zu üppig, wirst du dich erbrechen. Planst du eine Geburtstagsparty, ohne den Gästen eine Einladung zu schicken, wirst du alleine feiern und deinen Kuchen alleine essen müssen.

Eine geplante Feier für 20 Gäste, ohne jemandem Bescheid zu geben, wird genauso enttäuschend enden, wie Erwartungen zu pflegen ohne entsprechende Voraussetzungen.

Du schmückst die Wohnung, der Kuchen ist im Ofen und verströmt leckeren Duft.

Du machst dich zurecht und stellst den Kuchen in die Mitte des wunderschön gedeckten Tischs.

Jetzt gönnst du dir schon mal ein Gläschen Sekt und freust dich auf die Gäste.

Am späten Abend hast du dann, während du die ganze Zeit gewartet hast, den Kuchen fast alleine aufgegessen und es hat nicht einmal das Telefon geklingelt. Gegen Mitternacht setzt du dich mit dem letzten Stück Kuchen auf dein Sofa, lässt dich etwas berieseln und quälst dir auch noch dieses Stück Kuchen hinein.

Nachdem du dich später immer wieder übergeben hast und die Bauchschmerzen nicht mehr auszuhalten sind, bestellst du dir ein Taxi und fährst zur nächsten Notaufnahme.

Der nette ältere Herr im weißen Kittel fragt dich dann: »Kindchen, was hast du denn gemacht?«

Also erzählst du ihm die ganze Geschichte.

Der Doktor schüttelt den Kopf und belehrt dich, dass er dir in diesem Fall auch nicht helfen kann. Dagegen gibt es kein Medikament. Die Notaufnahme sei auch nicht der geeignete Ort, um dich auszukurieren, und er schickt dich nach Hause. Enttäuscht, mit Bauchschmerzen und Brechreiz, gehst du über den Gang und er ruft dir hinterher: »Gute Besserung und herzlichen Glückwunsch!«

Zu große Erwartungen sind der Stoff, aus dem die echten Blockbuster-Enttäuschungen entstehen. Ein kleines Stückchen Hollywood in uns allen.

Der Traum, den wir alle träumen: einmal die Hauptrolle in einem wirklich guten Film mit herausragendem Drehbuch, grandiosen Schauspielern und Happy End spielen.

Unser Film ist unser Leben. Und es wäre doch auch jammerschade, wenn wir nicht immer wieder diese Vorfreude auf unser Leben hätten. Immer wieder hoffen, dass es ein Happy End gibt.

Letztens habe ich die Oscar-Verleihung im Fernsehen gesehen. Und das erste Mal registriert, dass ja auch Oscars an die besten Nebendarsteller vergeben werden. Ich habe mir darüber vorher noch nie Gedanken gemacht, aber es ist wahrscheinlich viel wichtiger, als es mir bislang bewusst war, gute Nebendarsteller zu haben. Und so ist es auch im Leben. Man hört ja öfters diese nicht ganz unwahren Sprüche wie: »Ach, das ist so ein Energiesauger. Der kostet nur Kraft. Nee, wenn du das mit dem zusammen machst, dann ist die Sache schon verdammt zum Scheitern.« Und so kommt es dann meist auch. Kein Film wäre doch wirklich sehenswert, wenn nur der Hauptdarsteller glänzen würde. Kein Dreh wäre schnell im Kasten, wenn nur die Hauptrolle ihren Text könnte und ihn angemessen in Szene setzen würde.

So ist es auch im Leben. Und so ist es besonders, wenn du nun auf einmal nicht mehr das machen kannst, was du vorher machen konntest. Jetzt kommt es darauf an, dass ich Menschen um mich habe, die ihre Rolle kennen. Eins werden mit ihr. Auch über ihre Möglichkeiten hinauswachsen, grandios werden. Und für mich gilt ebenso, das Drehbuch und meine Einsätze so gut wie möglich zu kennen.

Ich sollte mir verkneifen, »Starallüren« an den Tag zu legen, und stattdessen mit den anderen zusammenarbeiten und sie nicht blockieren. Aber auf gar keinen Fall sollte ich erwarten, dass sie auch meinen Part, meine Rolle auswendig kennen und die für mich geltenden Regieanweisungen mit beachten. Ich sollte ihnen gönnen, dass es Momente gibt, in denen ich nicht mit im Bild, auf dem Set, in der Szene erscheine, wo nur sie glänzen.

So versuche ich es zu halten. Auch wenn es mir wirklich schwerfällt, jemanden ziehen zu lassen, wenn ich insgeheim sehr gerne mitgekommen wäre, es aber mit einem Rolli einfach nicht geht. Ich versuche zu verstehen, dass mein Mann seinen Freiraum braucht. Ich freue mich, wenn er wieder nach Hause kommt und von seinen tollen Erlebnissen, von Begegnungen mit gesunden Menschen erzählt.

Und ich habe gelernt, auch konkret zu beschreiben, wie es mir in manchen Situationen ergeht, wie ich mich fühle. Manchmal komme ich mir dabei zwar ziemlich bescheuert vor. Aber ich habe erkannt, dass mein Drehbuch nun mal nur in meinem Kopf existiert. Und deshalb nicht von allen gelesen werden kann. Und wie das so ist beim Improvisationstheater, kommt nicht immer das heraus, was ich mir erhofft hatte. Wenn ich aber versuche, ein paar klitzekleine Regieanweisungen zu geben, die erwünschte Stimmung und das Drumherum beschreibe, könnte das Ganze eventuell ein vielversprechender Kurzfilm werden.

Dass das Leben kein Ponyhof ist, habe ich leider schon früh durch verschiedene Geschichten in meinem Leben erfahren. Und dass die Helden auf der Kinoleinwand nur aufgrund von technischen Kniffen, Animation und Spezialeffekten dazu in der Lage sind, durch die Luft zu wirbeln, mit ungeheurer Kraft Salto mortale zu schlagen und ganz nebenbei noch jemandem die Schnute zu polieren, ist mir auch klar.

Da mein Lebensfilm aber leider mit einem Low-Budget auskommen muss, muss ich auch auf diese ganzen schönen Spezialeffekte verzichten und eben so versuchen, das Beste aus meinem »Film des Lebens« zu machen.

Geschätzter Herr Geduld

*Geschätzter Herr Geduld,
willkommen in meinem Leben.
Obwohl wir uns noch nicht so gut kennen, möchte ich Sie in meinem Leben herzlich willkommen heißen.
Bis vor einiger Zeit waren wir nur flüchtig bekannt.
Ich muss gestehen, dass ich Sie gerne schon früher zum Freund gehabt hätte, aber es war mir einfach nicht möglich.
Vielleicht war ich noch nicht reif genug für eine Freundschaft mit Ihnen. Manchmal habe ich andere Menschen beneidet, die mit Ihnen auf Du und Du waren.
Aber ich fand es für mich einfacher, Ihnen aus dem Weg zu gehen. Und so hielt ich Distanz. Ich möchte mich auf diesem Weg bei Ihnen entschuldigen, dass ich mich oftmals verleugnen ließ, wenn Sie mich besuchen wollten.
Ich muss zugeben, es wäre leichter für mich gewesen, hätte ich Sie früher kennenlernen wollen.
Und auch wenn ich es Ihnen bisher nicht leicht gemacht habe, hoffe ich nun, dass wir gut miteinander auskommen und eine echte Freundschaft aufbauen können.
Ich bin voller Hoffnung, dass es für eine feste und tiefgründige Freundschaft noch nicht zu spät ist. Ich kann mich ändern, und ich habe mich bereits verändert.
Meine Lebenssituation hat sich verändert und nun erkenne ich, dass ich Sie wirklich brauche.*

Ich möchte Ihnen hiermit das »Du« anbieten und hoffe inständig, Sie werden es annehmen.
Somit verbleibe ich mit den besten Wünschen und in hoffnungsvoller Erwartung Ihrer positiven Antwort
Ihre Sabine

Mit dem lieben Herrn Geduld wurde es wirklich eine schwierige Beziehung, und das ist sie auch immer noch.
Da ich es vor meiner Krankheit kaum nötig hatte und es auch nicht für erforderlich hielt, mit ihm eine Beziehung einzugehen, fiel es mir nun umso schwerer, den Kontakt zu suchen.

Nun gehe ich schon etwa zwei Jahre in die harte Schule des Herrn Geduld, aber meine Zensuren lassen doch sehr zu wünschen übrig. Oft bekomme ich von ihm irgendwelche Zusatzaufgaben, aber ich glaube, damit treibe ich meine Noten nur noch weiter nach unten. Ständig steht er vor mir in seinem schwarzen, akkurat sitzenden Frack, seinem weißen Hemd mit seiner hundertprozentig gerade sitzenden roten Fliege. Seine Haare sind zu einem strengen Seitenscheitel gekämmt, und damit sie sich nicht selbstständig machen, sind sie mit Pomade getränkt und auf Hochglanz gebracht. Sein erhobener Zeigefinger mahnt mich zu Aufmerksamkeit und versucht mir klarzumachen, worauf es ankommt. Und ich denke, ich habe es sogar geschafft, dass selbst er schon die Geduld verloren hat.

Dabei geht es um nichts Außerordentliches wie zum Beispiel einen Lottogewinn. Es handelt sich um ganz banale Dinge.

Zum Beispiel: Ich liege auf dem Sofa und habe Lust auf ein Glas Cola. Alle sind mit irgendetwas beschäftigt und so warte ich eben. Es ist ja auch so, dass ich niemanden nerven und ständig von A nach B schicken will. Dass ich mich als Störung für die ganze Familie fühle, wäre zu furchtbar. Ich empfinde mich schon als belastend genug und will niemandem weitere Umstände machen.

Wenn sich dann endlich eins meiner Familienmitglieder in meine Richtung bewegt und gerade unbeschäftigt aussieht, sind meine Lust und mein Durst auf Cola bereits so groß, dass ich es kaum abwarten kann, endlich ein Glas gebracht zu bekommen.

Ich bitte also um ein Glas Cola und erhalte zur Antwort: »Ja, ich hole dir gleich eins.«

Und schon ist da das Wörtchen »gleich«, das mich innerlich zum Rotieren bringt. Oh Mann, ich warte doch schon so lange! Aber na gut, einen Augenblick halte ich es noch aus. Dieser Augenblick wird für mich aber zur Qual. Nicht nur, weil ich immer noch auf das Glas Cola warten muss, sondern auch, weil ich mich über mich selbst ärgere. Warum habe ich mich nicht früher gemeldet? Warum kann ich mir dieses blöde Glas Cola nicht alleine holen? Warum sind alle beschäftigt, nur ich bin es nicht? In Gedanken schreie ich meinen Mann an: »Haaaaalllllloooo, ich habe Durst, ich habe schon so lange auf den richtigen Moment gewartet, dich zu bitten, mir ein Glas Cola zu bringen. Jetzt will ich nicht mehr warten. Kannst du dir vorstellen, wie ich mich fühle?«

Schon erscheint Herr Geduld, klopft mit seinem Stock energisch auf mein Pult und ruft: »Setzen, sechs!«

Und ich muss hier zu meiner Schande gestehen, dass es nicht nur bei dem gedanklichen Anmeckern blieb. Ein verdutzter Ehemann schaute mich an. Verstand nur Bahnhof und sah dem fahrenden Zug hinterher. Mit vorsichtigen Worten versuchte er ihn wohl noch zu stoppen: »Ich wusste ja nicht, dass du so einen Durst hast. Du hast nur einmal gefragt, ob ich dir ein Glas Cola holen könnte, wenn ich Zeit habe.«

Aber der Kohleofen war bereits befeuert und dicker Qualm stieg aus dem Schornstein der Lok auf. Mein Mann lief in die Küche, holte mir ein Glas Cola mit extra viel Liebe und brachte es mir. Als er das Wohnzimmer wieder betrat, saß ich total bedient da und hatte absolut keine Lust mehr auf Cola.

In solchen Momenten hat mein Mann wohl das Gefühl, dass nicht nur auch er aus unserem Zug des Lebens gesetzt wurde, sondern dass er jetzt auch noch von ihm überrollt wird.

Wieder einmal hatte ich meine Hausaufgaben nicht gemacht und meine Fehlstunden waren beträchtlich. So musste ich nachsitzen.

Es hat einige Zeit gedauert, bis ich verstanden hatte, dass Herr Geduld vielleicht gerne kommen wollte, um mich zu unterrichten, aber da mein Fahrplan einfach zu unregelmäßig war, verpasste er wahrscheinlich immer seinen Bus. Ich erkannte also ein weiteres Manko meines neuen Lebens: das Zeitmanagement.

Mein Problem ist allerdings, dass ich nicht zu wenig Zeit habe, sondern zu viel. So ganz ohne Beschäftigung ist ein Tag doch recht lang. Warum bin ich eigentlich früher immer zu so wenig gekommen und habe mich immer beschwert, dass ich so wenig Zeit habe? Ein Tag kann ewig dauern. Manchmal schien es mir, als würde ich den ganzen Tag im Wartezimmer eines Zahnarztes sitzen. Ohne Zeitschriften, ohne andere Wartende, mit denen man sich über die bevorstehende Wurzelbehandlung unterhalten konnte.

Jeder Staubkrümel fing an zu nerven. Besonders zu schaffen machte mir ein Farbfleck an der Decke. Wenn ich auf dem Sofa lag, musste ich da immer hinschauen. Ich konnte nicht anders. Er war nicht besonders groß, dennoch schien mir, dass er jeden Tag größer würde. Gibt es vielleicht irgendwelche Kobolde, die einen ärgern? Wenn ja, dann kommen die bestimmt nachts heraus und malen den Fleck jede Nacht ein kleines bisschen größer.

Ich machte mir also Gedanken über Farbflecke und Kobolde. Dreh ich jetzt durch? Aber man weiß ja auch gar nicht genau, was es alles zwischen Himmel und Erde gibt. Bestimmt sind es auch die Kobolde, die nachts unter meine Bettdecke klettern und mir ihren Elektroschocker ans Bein halten.

Denn jede Nacht habe ich furchtbare Wadenkrämpfe. Sie schießen einfach in mein Bein und schmerzen höllisch. Viel kann ich dagegen auch nicht tun, denn dehnen geht leider nicht, weil ich die Füße nicht mehr bewegen kann.

Die Zeit erlaubte mir ja auch, über so was wie Kobolde nachzudenken, und vielleicht war es die Langeweile oder die Verzweiflung, endlich einen Schuldigen gefunden zu haben, aber so abwegig schien mir die Idee noch nicht mal.

Endlich hatte ich für dieses nervige Muskelzucken eine »plausible« und amüsante Erklärung. Viele kleine Kobolde krabbeln auf mein Bett und stupsen mit ihren kleinen Fingern gegen meine Beine, Arme und meinen Körper, und schon fängt alles an zu vibrieren. Oder sie ziehen mit ihren kleinen Händen an meiner Haut. Man fühlt sich eben den ganzen Tag bezuppelt und bezippelt.

Außerdem hatte ich sie im Verdacht, dass sie mir meine Nervenzellen klauten und diese woanders als Zahlungsmittel nutzten. Sobald ich schlafe, rückt der Arbeitstrupp aus und macht sich an die Arbeit. Diejenigen, die für die Nervenzellen zuständig sind, haben ganz besonders dünne, lange Arme. Die stecken sie dann in meine Nase oder mein Ohr, greifen bis zum Gehirn durch und klauen mir so meine Nervenzellen.

Mit einem schelmischen Lachen stecken sie die dann in ihren Sack, schultern ihn und gehen frohgemut mit ihrer Beute nach Hause.

Wer weiß, was sie sich damit alles kaufen. Honig, Wein und das eine oder andere Elfenmädchen? Mit dieser Erklärung wäre dann auch das Rätsel um meinen immer schwerer werdenden Hintern gelöst. Das Zippeln und Zappeln ist so eine Art Ablenkungsmanöver, und damit du auch schön still liegen bleibst, versuchen sie dich mit Schnüren ans Bett zu binden.

Gullivers Reisen ist vielleicht doch ein Tatsachenbericht.

Wenn ich mich umdrehen will, ist mein Hintern irgendwie mordsschwer. Und weil ich das Gefühl habe, dass er immer noch schwerer wird, vermute ich, dass sie eben jedes Mal weitere Schnüre mitbringen, damit ich ja liegen bleibe und sie so an meine begehrten Nervenzellen kommen.

Das mit den Kobolden ist natürlich aus medizinischer Sicht Blödsinn.

Deshalb werde ich euch jetzt mal an dieser Stelle die amyotrophe Lateralsklerose (ALS) aus medizinischer Sicht erläutern:

Die ALS ist eine chronisch-degenerative Krankheit des motorischen Nervensystems. Sie ist seit über 100 Jahren bekannt und weltweit verbreitet, ihre Ursache ist bis heute unbekannt.

Leider ist die Krankheit bis heute nicht heilbar.

Bei der ALS handelt es sich um eine zunehmende Degeneration (Rückbildung/Verfall) vor allem des oberen (ersten), aber auch des unteren (zweiten) Motoneurons im Gehirn und im Rückenmark beziehungsweise in peripheren Nerven, die für die Muskelbewegungen zuständig sind. Infolgedessen kommt es zu einer nicht aufzuhaltenden Muskellähmung am ganzen Körper, einschließlich der Atemmuskulatur und der Sprechmuskulatur.

Die Muskulatur des Herzens, der Augen sowie die Blasen- und Darmfunktionen bleiben in der Regel intakt. Ebenso bleibt die Fähigkeit zu sehen, hören und fühlen während der ganzen Krankheitszeit erhalten. Die Überlebenszeiten sind je nach Unterform verschieden, meist versterben die Patienten jedoch innerhalb von drei bis fünf Jahren.

ALS gilt als seltene Erkrankung. Von 100 000 erkranken weltweit jedes Jahr ein bis drei Menschen neu an ALS.

Aufgrund dieser Seltenheit und der Unkenntnis der Mitmenschen sind viele Betroffene isoliert und bekommen wenig Hilfe. Gute und fachkundige Ärzte sind schwer zu finden, oft folgen der Erkrankung finanzielle Nöte.

Abgesehen von wenigen Ausnahmen findet an deutschen Universitäten und Forschungsinstituten keine Forschung im Bereich ALS statt.

Die Angehörigen leiden sehr, sie müssen oftmals eine 24-Stunden-Pflege übernehmen und fühlen sich überfordert und hilflos.

Jährlich sterben etwa 2000 Menschen an ALS.

Frau Angst von Panik

+++++++ ANZEIGE +++++++

Bekannt aus Funk und Fernsehen

Persönlichkeitstrainerin möchte Ihr Leben bereichern

Gut ausgebildete, dominante und ausdauernde Trainerin möchte auch Ihnen Ihr Potenzial verdeutlichen.

Denken auch Sie, dass Sie schon am Limit sind?

Arbeiten Sie mit mir und ich zeige Ihnen, was wirklich in Ihnen steckt.

Ich habe bereits unglaubliche Erfolge erzielt. Und möchte nun auch Ihnen einen ganz neuen Weg der Selbstfindung eröffnen.

Verändern Sie sich und Ihre Persönlichkeit in kürzester Zeit.

Ich stehe Ihnen bei und bringe Sie garantiert ans Ziel.

Referenzen:
Tagesschau, Tageszeitungen, Mittagsmagazin sowie zahlreiche veröffentlichte Bildstrecken, Radio und Internet.
Mein Motto:
Jeder sollte meines Erachtens das bekommen, was er braucht.
Geht nicht – gibt es nicht.
Erreiche mehr, als du dir jemals erträumt hast.

Kontakt:
Frau Angst von Panik
In der dunklen Einbahnstraße 0
Furcht im Tal
Training@Angst.de

Oder ganz einfach und kostenfrei via Gedanken und dem Passwort: Angst

Hausbesuche jederzeit ohne Voranmeldung möglich.

+++++++++++++++

Ich kann mich zwar nicht daran erinnern, dass ich einen verbindlichen Termin mit Frau Angst von Panik vereinbart hatte. Weder dass ich sie um einen Besuch gebeten hatte – noch dass ich auf eine Veranstaltung mit ihr gehen wollte. Aber – und ohne, dass ich es so wirklich bemerkt hatte – sie veränderte meine Persönlichkeit auf so unfassbare Weise, dass ich den Berichten und Erzählungen über sie zustimmen muss. Sie ist einfach brillant.

Sie hat eine Präsenz, sie erfüllt jeden Raum sofort. Man bekommt Gänsehaut, schaut man ihr nur von Weitem zu. Und bist du erst in ihrer unmittelbaren Nähe oder wendet sie sich dir direkt zu, verleitet sie deinen Körper dazu, ihr durch jede noch so kleine Öffnung, durch jede Pore und durch deinen Schweiß Achtung entgegenzubringen.

Sie ist so dominant, dass du dich ihr unmöglich entziehen kannst. Neben ihr fühlst du dich so klein, dass du zu Boden gehst, dich einrollst und es nicht wagst, ihr in die Augen zu schauen.

Sie ist wahrlich die Königin unter den Gefühlen.

Mit der Diagnose hatte ich nun das Privileg, in ihre harte Schule gehen zu dürfen. Ich durfte aus erster Hand erfahren, wie viel Potenzial in mir steckt. Und ich lernte nicht von ihren Lakaien Furcht, Vorsicht oder Ängstlichkeit. Frau Angst erkannte mein Potenzial und nahm sich meiner persönlich an.

Nach einer kurzen Kennenlernphase legte sie die Hand auf meine Schulter und sagte mit direktem Blick in meine Augen: »Ich bring dich ganz groß raus! Du hast alles, was man dazu braucht!«

Eigentlich war das der Weg, den ich in meinem Leben nicht gehen wollte. Da waren meine Kinder, mein Mann und meine Familie. Wie sollte ich mich noch angemessen um sie kümmern – bei dieser Karriere?

Ich persönlich habe eine ganz neue Facette der Angst im Verlauf meiner Erkrankung kennengelernt.

Früher, wenn ich im Dunkeln nach Hause gehen musste, vielleicht noch durch eine schummrige Gasse, hatte ich manchmal das Gefühl, dass die Angst hinter mir herrennt. Ich fühlte mich verfolgt, sah mich um, aber es war keiner da. Trotzdem gehst du etwas schneller, denn irgendetwas ist da, nämlich die Angst. Ich kenne so viele Momente, in denen ich dachte: Da kommt sie wieder, die Angst. Sie kriecht auf mich zu und macht sich an meinem Hosenbein zu schaffen.

Mit der nötigen Zuversicht und einer zunehmenden Lebenserfahrung konnte ich sie aber immer abschütteln, bevor sie begann, an mir hochzukriechen.

Aber diese neue Angst ist anders. Sie rollt von vorne auf mich zu. Keine Möglichkeit, sich zu verstecken oder zu tarnen. Langsam kriecht sie dann von unten an mir hoch. Sie ist einfach da. Zack! Frontal. Auge in Auge. Eben noch vor dir, nun in dir. Sie hat eine schier unglaubliche Macht.

Sie konfrontiert dich mit Verlust.

Ich glaube, Verlust ist die größte Angst des Menschen. Etwas zu verlieren, das man als persönlichen Besitz ansieht: Geld, Haus und Hof, auch Menschen.

Bestes Beispiel für mich – die Erde. Von den Menschen ausgebeutet, zugemüllt und verseucht. Wen interessiert es wirklich, wie sehr wir ihr schaden? Aber jetzt, wo wir allmählich begreifen, dass wir sie verlieren könnten, bereuen wir und wollen unser Verhalten ändern. Geht es uns denn wirklich um die Erde? Die Erde braucht uns ja vielleicht gar nicht. Oder geht es darum, dass wir sie nicht hergeben wollen? Tierarten werden auch erst geschützt, wenn sie fast schon ausgestorben sind.

Um eine Ehe wird erst gekämpft, wenn der Partner schon dabei ist, seine Sachen zu packen.

Ehen zerbrechen, Menschen laufen Amok, weil der Verlust des Eigenheims droht. Es werden Rosenkriege um Besitz und Kinder geführt. Eltern, die sich wenig um ihre Kinder gekümmert haben, kämpfen plötzlich um das Sorgerecht.

Politiker trauern nicht um Menschen, aber wenn sie ihren Doktortitel verlieren, dann weinen sie vor der Kamera.

Die Angst wird erst real, wenn es um persönlichen Verlust geht, und wird gar zum Horror, wenn der Verlust auch noch dem Ansehen schadet.

Ich habe keine Angst vor der Krankheit, aber ich habe Angst davor, was sie mir alles nehmen kann. Damit meine ich nicht mein Leben. Denn hätten wir Angst davor, das Leben zu verlieren, müssten wir ja ständig, jede Sekunde, Angst vorm Tod haben.

Es sind die Abschiede, vor denen ich Angst habe. Die Verluste.

Das Laufen, das Sitzen, das Sprechen, das Essen, das Malen, das Umarmen, das Helfen.

Abschied ist drohender Verlust und macht deshalb Angst.

Mit der Zeit wurde die Angst durch die Erfahrung von Verlusten und dadurch, dass ich ängstlich darüber nachdachte, was ich als Nächstes verlieren könnte, verlieren würde, zu einem Bestandteil meiner Persönlichkeit, meines Handelns und meines Denkens.

Das kann ich nicht mehr, das geht auch nicht mehr, das will ich nicht mehr, das sollte ich nicht mehr ...

Dieser Komplex wurde immer größer: Verlust, Verlust, Verlust, verlieren, verlieren, verlieren. Das war, was ich sah, was ich empfand, was ich dachte.

Bis zur Massenkarambolage meiner Gedanken. Und dabei fuhr ich den kleinsten Wagen. Eingekeilt zwischen den ganzen Blechhaufen auf einer einsamen Landstraße im dichten Nebel. Jetzt fehlte nur noch der Lkw mit leichtentzündlichem Gefahrengut namens »Aufgeben«, der dann auf die Kolonne fuhr, und mein Leben wäre zu Ende. Nicht beendet von der Krankheit, sondern von meinen Gedanken.

Ich sah schon die Lichter des Lkws und hatte nun die Wahl: reagieren und raus aus dem Auto oder geblendet wie ein Reh sitzen bleiben.

Ich schaffte es, mich rechtzeitig zu befreien, und rettete mich an den Straßenrand. Der Lkw raste in die Unfallstelle und explodierte. Es entstand ein riesiger Feuerball und alles ging in Flammen auf.

Die Druckwelle katapultierte mich direkt in eine Samstagabend-Quizshow. Der Jackpot war: Lebensqualität.

Bestimmt kennst du diese Samstagabend-Quizshows. In denen du eine vorgegebene Zeit hast, um verschiedene Aufgaben zu lösen. Nehmen wir nun an, mein Leben ist manchmal wie so eine Quizshow. Vor mir befinden sich verschiedene

Aufgaben. Sagen wir mal, fünf. Eine dieser Aufgaben muss ich innerhalb einer bestimmten Zeit schaffen.

Und schon ertönt das Startsignal. Schnell fange ich mit der ersten Aufgabe an. Aber es will mir einfach nicht gelingen. Ich probiere es wieder und wieder, aber es klappt nicht. Nun kann ich an dieser Aufgabe festhalten und es immer weiterprobieren, bis meine Zeit abgelaufen ist, oder ich überspringe sie und wende mich der nächsten Aufgabe zu. Ich muss also nur realistisch entscheiden, ob ich die Aufgabe in der vorgegebenen Zeit schaffen kann oder ob ich es lieber mit der nächsten versuche. Um mich aber auf die nächste Aufgabe konzentrieren zu können, sollte ich die erste, nicht geglückte, schnell aus dem Kopf bekommen.

Und irgendwie hat Hape Kerkeling mit seinem Lied ja recht:

»Das ganze Leben ist ein Quiz, und wir sind nur die Kandidaten …«

Und wirst du gefragt: »Welches Tor hätten Sie denn gerne?«, und nimmst du das falsche, gehst du mit dem Zonk nach Hause, anstatt mit dem nigelnagelneuen Auto. Leider ist es im Leben aber oftmals so, dass du gar nicht gefragt wirst, welches Tor du denn gerne hättest. Irgendwann bist du halt durch das falsche gegangen und aus heiterem Himmel bekommst du den Zonk in den Arm gedrückt. Manchmal ist es aber auch so, wie bei mir, und dir wird einfach etwas untergeschoben. Manchen Menschen werden Drogen untergejubelt, die sie über eine Grenze schmuggeln, ohne dass sie es bemerken.

Und mein Leben wurde einfach gegen ein anderes ausgetauscht. So wie eben ein Koffer am Bahnhof.

Traummann

Traummann
durchgewühlte Laken beweisen
du warst bei mir
hast mich besucht auf deinen Reisen
ich hatte gehofft, du bleibst hier
Spuren auf meiner Haut lassen erkennen
wie leidenschaftlich du mich liebst
ich würde dich gerne bei deinem Namen nennen
doch ich muss zufrieden sein mit dem, was du mir gibst
du bist verschwunden noch vor dem Morgengrauen
keiner soll dich sehen
Kann ich dir vertrauen?
Wieso solltest du sonst heimlich gehen?
An diesem Morgen wird mir klar
für uns wird es niemals eine reale Zukunft geben
denn du bist nicht wahr
aber in meinen Träumen kann ich mit dir leben.

Sorglos heißt mein Traummann mit Vornamen und Leichtigkeit mit Nachnamen. Manchmal haben wir eine kleine Liaison. Nichts Ernstes. Alles ganz unverbindlich. Er kommt, wann er es einrichten kann, und bleibt meist nicht lange. Mittlerweile hat auch mein Mann sich mit ihm angefreundet und so kommt er im Moment öfter als früher. Aber wenn er da ist, habe ich den Eindruck, als wäre er in Gedanken ganz woanders. Immerhin ist es ein Anfang und

ich bin dankbar für jeden Moment, den er bei uns verbringen kann.
Wir sind dann nach Friedrichstadt zum Lampionfest gefahren. Mit einem Parkplatz hatten wir richtig Glück, aber in der Stadt war es echt mühsam. Überall altes Kopfsteinpflaster und verdammt hohe Bordsteinkanten. Na ja, aber wir hatten trotzdem Spaß. Ich war zwar am Ende des Abends gut geschüttelt (nicht gerührt) und mein Nacken tat dementsprechend weh, aber es hatte sich gelohnt.

Wir hatten einen wirklich tollen Abend. Einziger Wermutstropfen war, dass ich im Rollstuhl sitze. Mir ist erst an diesem Abend aufgefallen, dass es das erste Fest war, auf das ich gegangen bin seit meiner Krankheit. Natürlich haben wir auch Bekannte wiedergetroffen und es nervte etwas, dass ich immer erklären sollte, was ich habe. Aber ich habe es einfach nicht getan und das ständige Nachfragen ignoriert. Ich geh ja auch nicht zu denen und will wissen, warum sie so einen dicken Hintern bekommen haben, und erwarte dann auch noch eine ausführliche Antwort. Ich wollte einfach einen schönen Abend mit meinen Lieben verbringen und nicht über meine Krankheit sprechen. Wäre ich noch gesund, hätte ich bestimmt ordentlich gefeiert, und so hat es mich doch etwas getroffen, als die Band ein paar richtig gute Lieder gespielt hat. Ich habe dann versucht, den Abend trotzdem zu genießen, und das habe ich auch geschafft.

Auch wenn ich mir wünsche, dass Menschen von dieser Krankheit erfahren, über sie informiert sind, brauche ich selbst doch auch mal Feierabend. Der »Job«, krank zu sein, ist ziemlich umfangreich. Noch dazu mache ich diesen Job nicht besonders gerne. Ich werde weder gut bezahlt noch habe ich Erfolge zu verbuchen. Die einzige Aufstiegsmöglichkeit, die ich habe, sind meine Pflegestufen, und meine Prämien sind meine Hilfsmittel.

Weihnachtsgeld? Fehlanzeige. Und mein Urlaubsgeld wird in Form von Verhinderungspflege bezahlt, damit ich mir Ersatzpflege leisten kann, falls mein Mann mal krank ist oder etwas für sich tun möchte.

Ich bin Vollzeit-ALS-krank.

Jetzt bin ich krank und zu Hause, und selbst ich dachte, jetzt kommt ein langweiliges, stumpfes Leben auf mich zu. Aber so ist es ganz und gar nicht.

Komisch, was man für Vorurteile hat. Ich muss gestehen, dass ich den Spruch »Rentner haben nie Zeit« immer etwas belächelt habe. Aber es ist so! Zum einen liegt es daran, dass meine Rente das Überleben meiner Familie nicht sichern kann und wir deshalb viel Zeit auf dem Amt verbracht haben, um beispielsweise Anträge auszufüllen. Zum anderen betrifft das meine Hilfsmittel. Ich versuche immer, mich so früh wie möglich um meine Hilfsmittel zu kümmern. Denn was mir nachhaltig im Gedächtnis haften geblieben ist, waren die Kämpfe der Betroffenen um ihre Hilfsmittel, wie sie in Internetforen geschildert werden. Am Anfang war ich in dem einen oder anderen Forum unterwegs, um Informationen zu sammeln. Doch was ich dort teilweise las, machte mich sprachlos. Gelähmte Menschen warteten monatelang auf ihren Rollstuhl.

Ich konnte das nicht glauben und war fassungslos. Woran liegt so was? Für mich war klar: Ein Mensch, der nicht mehr laufen kann, braucht einen Rollstuhl. Aber im bürokratischen Deutschland sieht das ganz anders aus:

Erst einmal bekommst du ein Rezept von deinem Arzt. Das reichst du dann bei deiner Krankenkasse ein. Man kann natürlich auch direkt zu einem Sanitätshaus gehen, aber ich habe die Erfahrung gemacht, dass dies nicht unbedingt empfehlenswert ist. Denn dort wirst du als potenzieller Kunde angesehen, an dem Geld verdient werden soll. Noch dazu mit der Diagnose ALS auf dem Rezept, was ungefähr die gleiche Wirkung hat, als würdest du mit einer goldenen Kreditkarte wedeln. Allerdings hat diese Kreditkarte ein Limit, das nicht du, sondern deine Krankenkasse bestimmt. Und die Kasse will natürlich so wenig wie möglich ausgeben. Das Sanitätshaus wiederum will dieses Limit entweder bis zum letzten Cent ausschöpfen oder besser noch überziehen. Und so kann es vorkommen, dass du dich dann in einer Schlacht der Giganten wiederfindest. Und wenn du nicht aufpasst, bist du der Knüppel, mit dem sie sich gegenseitig schlagen. Der, der in jedem Fall am meisten abbekommt und der Leidtragende ist, das bist du.

Nach dieser ersten Erfahrung, um an einen Rollstuhl zu kommen, ging ich dazu über, die Sachen gleich mit der Krankenkasse abzusprechen. Ich wollte einfach keinen unnötigen Kampf. Das heißt nicht, dass ich klein beigebe, aber eben so viel Kampf wie nötig, so einfach wie möglich. Und da ich das Gefühl hatte, dass viele kranke Menschen mit ihrer Krankenkasse auf Kriegsfuß stehen, wollte ich zumindest versuchen, mit meiner Krankenkasse zusammenzuarbeiten.

Das gestaltete sich bei meiner Krankenkasse auch gar nicht so schwer. Nachdem ich nun diesen ersten Rolli nicht genehmigt bekommen hatte, musste erst mal festgestellt werden, warum nicht. Es tat mir schon etwas leid, denn ich fand den Rollstuhl wirklich super und der Mann vom Sanitätshaus hatte sich auch solche Mühe gegeben. Aber ich kannte mich auch gar nicht aus mit Rollstühlen. Wäre es ein Auto, wüsste ich, dass ich zum Beispiel keinen Ford fahren möchte. Ist mir einfach unsympathisch. Schlechte Erfahrungen und so weiter. Aber einen Käfer würde ich gerne fahren oder einen VW-Bus.

Ich hätte gern ein Schiebedach, Alufelgen und noch ein paar Extras. Natürlich dürfte das Auto nicht so viel verbrauchen und sollte zwei Jahre TÜV haben. Und zu guter Letzt muss es auch günstig im Unterhalt sein. Ach ja, und auf keinen Fall sollte es blau sein.

Das Einzige, was ich von dieser Liste auf meinen Rolli übertragen konnte, war, dass er nicht blau sein sollte. Mein Arzt hatte mir erklärt, was ich an meinem Rollstuhl so alles an Extras benötige, auch wegen des Verlaufs meiner Krankheit. Ich hatte mich auch schlaugemacht, was andere Betroffene für Rollstühle fuhren, aber es fiel mir schwer, mich eingehender damit zu beschäftigen. Nachdem also der erste Versuch gescheitert war, telefonierte ich mit meiner Krankenkasse.

Glücklicherweise hatte ich einen Fallmanager. Er war für mich und meine Krankheit zuständig. Ich fand das super. Jemand an meiner Seite, der sich auskennt und erahnen kann, was ich brauche. Für mich war es ja das erste Mal mit dieser Krankheit, aber er hatte das schon viele Male miterlebt und hatte daher eine Vorstellung von dem, was kommen kann.

Ich entschied mich dafür, diese Vorstellungen ihm zu überlassen, die brauchte er nun wirklich nicht mit mir zu teilen. Ich war mit dem Gedanken daran, in einem Rolli zu sitzen, voll ausgelastet. Ich wollte einfach wissen, was für mich an Hilfsmitteln konkret möglich war. Was konnte ich mir überhaupt erlauben? Was ist gut für mich, was hat die Krankenkasse eventuell auf Lager und was gibt es vielleicht noch? Ich erhielt von meinem Fallmanager die Telefonnummer eines Hilfsmittelberaters. Ist ja ein Ding, dachte ich. Es gibt also nicht nur Tupper- und AVON-Berater … Das Internet und die Meinungen dort über die Hilfsmittelberater sorgten allerdings für eine gewisse Skepsis. Aber hey, ich bin eine Suchende und habe ein großes Herz, also vereinbarte ich einen Termin mit ihm.

Und, oh Wunder, ein netter, mir wohlgesonnener Herr kam zu uns. Kurz mal schämen und dann der Beratung folgen. Nun war ich also im Bilde, was Wunschtraum und was realistisch ist. Und schon konnte der elektrische Rollstuhl kommen. Morgen? Übermorgen? Womöglich erst nächste Woche?

Neeeeein. Nachdem ich nun diese Hürde genommen hatte, war da ja noch das Sanitätshaus, das dann damit beauftragt wurde, mir den Rollstuhl zu liefern.

Puh, und das dauerte länger als erwartet. Viel länger, viel, viel länger. Zum Glück bin ich ja krank und habe den ganzen Tag Zeit. Zeit, die ich dafür verschwenden konnte, bei diesem Sanitätshaus anzurufen, um mir immer wieder andere Varianten und Versionen davon anzuhören, warum der Rollstuhl immer noch nicht auf dem Weg zu mir war. Nach unzähligen Versprechen, dass mich der zuständige Sachbearbeiter zurückrufen würde, zog ich es vor, in der Warteschleife bei guter Musik zu bleiben. Ich hab ja Zeit. Mittlerweile war Oktober. Im Mai war der Hilfsmittelberater bei mir gewesen. Ich war hochgradig gallig.

Ich konnte mich nicht mehr beherrschen. Die Telefonate eskalierten regelmäßig. Ich versuchte den Leuten zu erklären, dass ich mich wirklich verschaukelt fühlte. Ständig neue Ausreden. Keine Rückrufe. Ich fragte den Geschäftsführer, wie er sich wohl fühlen würde, wenn ich ihm seine Beine einfach nicht liefern würde. Ende Oktober war meine Geduld dann gänzlich am Ende. Ich aktivierte alles, was ich hatte. Der Sommer war fast vorbei und bei Regen und schlechtem Wetter brauchte ich auch keinen Rolli.

Mit der Hilfe der Redakteurin von Stern TV, die bei dem Sanitätshaus anrief und erklärte, dass ein Dreh mit mir im neuen Rollstuhl geplant sei, dies aber anscheinend nicht klappen würde und Stern TV dann darüber berichten müsse, wie lange die Lieferung eines Rollstuhls dauerte, kam endlich mein heiß ersehnter Elektrorollstuhl.

Viele kleinere Hilfsmittel fanden mehr oder weniger auf Umwegen und auch nicht immer ohne Probleme den Weg zu mir. Alles lief ganz gut und ich hatte mich mit diesem ewigen Kampf und den nervenaufreibenden Telefonaten schon abgefunden. Bis ich eines Tages eine neue Kopfstütze brauchte …

Mein Kopf wurde immer schwerer. Ich konnte ihn nur noch unter enormer Kraftanstrengung und Schmerzen halten. Jeder kleinste Absatz reichte, dass ich, wenn ich mit meinem Rolli darüberfuhr, eine schmerzhafte Spastik in meiner rechten Oberkörperhälfte bekam. Irgendwann ging es dann nicht mehr anders und ich berichtete meinem Arzt davon. Ich bekam eine neue Kopfstütze mit Stirnband verschrieben. Das Rezept reichte ich bei der Krankenkasse ein, die schickte es zum Sanitätshaus und so weiter und so fort. Der leidige Weg eben. Die Kopfstütze mit dem Stirnband wurde mir allerdings sehr schnell genehmigt. Das war auch erforderlich, denn mittlerweile konnte ich sonst gar nicht mehr im Rollstuhl sitzen. Um es mal gleich vorwegzunehmen: Es dauerte drei Monate, also den gesamten Sommer über, bis ich meine Kopfstütze endlich bekam.

Heute bin ich schon früh wach. Ich habe schlecht geschlafen. der Tag gestern war anstrengend, aber mit Happy End.

Gestern sollte nun endlich die Kopfstütze an meinen Rolli montiert werden. Seit April freue ich mich auf diesen Tag. Diese Kopfstütze ist für mich einfach wichtig, weil dann mein Kopf besser gestützt wird, außerdem ist an ihr ein spezielles Stirnband befestigt, das meinen Kopf oben hält, falls ich über einen Kantstein oder Ähnliches fahre. Also, auf jeden Fall, gestern war der heiß ersehnte Tag. Nachdem das Sanitätshaus, bei dem wir zuerst waren, sich einfach mehrere Wochen nicht darum gekümmert hatte, lag unsere Hoffnung nun auf diesem Sanitätshaus.

Etwa um zehn Uhr klingelte der gute Mann, doch, oh Schreck, es war ein ganz anderer. Eigentlich sollte der Mann kommen, der auch alles vermessen hatte, denn das Sanitätshaus hatte, weil es eine Spezialkopfstütze mit Sonderbefestigung ist, extra eine Firma dazugeholt. Na ja, nun war er mal da, wird schon, dachte ich. Wurde aber nicht. Der Mann schaffte es nicht, die Kopfstütze anzubringen, er kannte sich wohl doch nicht so großartig damit aus. Ich musste sofort weinen, während mein Mann erst mal da angerufen hat. Ange»rufen« stimmt nicht so ganz, ihr könnt euch sicher denken, wie das gelaufen ist.

Sie wollten dann gleich zurückrufen und gucken, was sie tun könnten. Das Handy des Technikers klingelte, und angeblich hatten sie noch eine Halterung gefunden und wollten sofort jemanden damit vorbeischicken. Neue Hoffnung! So ungefähr eine halbe Stunde später klingelte es, die Halterung wurde gebracht, juhu! Und ratet mal ... sie passte nicht!! In dem Moment war ich wütend und traurig zugleich, der Mann konnte zwar nichts dafür, er hatte das Ganze ja nicht vermessen. Trotzdem hatte ich kurz oder auch etwas länger die Idee, ihn als Geisel zu nehmen und erst gegen eine passende Halterung auszutauschen. Das Drehbuch zu diesem Film, den das Leben schrieb, stand in meinem Kopf schon, auch die Schauspieler waren bereits gecastet (ich von Angelina Jolie gespielt und mein Mann von Bruce Willis), die Kulisse gefunden, und dann fiel schon die letzte Klappe und der Blockbuster lief im Kino ... seit zwölf Wochen. Die Premierenparty war super, wir gaben eine Menge Interviews, natürlich redeten wir auch darüber, wie dieser Film entstanden ist.

Aber nun wieder zurück zur Realität. Die sah so aus: Es gab keine passende Halterung, weil sich der Typ von der Firma anscheinend schlicht vermessen hatte. Kann ja mal passieren. Aber was nun? »Keine Ahnung. Ich gehe jetzt erst einmal«, sagte der nette Mann. Ach so, dann mal noch einen schönen Tag. Keiner wusste, wie nun weiter. Krankenkasse angerufen, dort völliges Entsetzen. Mama und Papa angerufen, wieder geweint. Am liebsten hätte ich das Sanitätshaus angezeigt wegen fahrlässiger Freiheitsberaubung.

Ich entschied mich aber dazu, lieber die Reporterin von der HÖRZU anzurufen, die vor ein paar Tagen bei mir war, um über mich und die Krankheit zu berichten. Sie schickte eine Mail an das Sanitätshaus und fragte dort noch zweimal nach per Telefon, und plötzlich waren wir vom Status her gaaaaaanz oben. Am späten Nachmittag erhielten wir einen Anruf, dass sie doch bitte heute noch die Kopfstütze anbringen möchten. Komisch, hatte etwa die Presse eine passende Halterung gebracht? Nein, sie würden jetzt sofort zwei Männer mit Werkstattauto vorbeischicken und vor Ort die Halterung schweißen. Oh, es geht also alles, wenn man nur will. Na gut, dann mal los. Kurz danach klingelte es. Die beiden Männer nahmen Maß, verschwanden in ihrem riesigen Auto mit eingebauter Werkstatt und nach zehn Minuten war das Teil fertig. Nach weiteren zehn Minuten montiert und endlich saß eine glückliche Sabine in ihrem Rolli mit Kopfstütze.

Jetzt bin ich happy, freue mich auf den Tag und vor allem auf das Eis, das ich heute mit meiner Familie essen werde.

Aber trotz aller Freude über meinen Sieg ist es doch erschreckend, was es braucht, um ein Sanitätshaus zu dem zu bewegen, was es eigentlich von sich aus für einen tun sollte und könnte. Hätte ich keine Unterstützung gehabt, hätte sich das Ganze wahrscheinlich wieder Tage oder Wochen hingezogen. Es macht mich traurig, wenn ich an die Menschen denke, die alleine kämpfen müssen oder nicht kämpfen können.

So soll und darf das nicht bleiben!!!

Mein Fazit: Sanitätshäuser haben keine Achtung vor dir oder deinen Angehörigen, auch nicht vor der Krankenkasse oder der Polizei, aber sehr großen Respekt vor der Presse.

Diese Geschichte spiegelt ungefähr das wider, was in Deutschland leider gang und gäbe ist. Es wird nicht geholfen, damit kranke oder behinderte Menschen möglichst schnell wieder am Leben teilnehmen können. Es wird nicht bedacht, dass Sanitätshäuser Dienstleister sind. Nein, es wird davon ausgegangen, dass kranke oder behinderte Menschen ohnehin genug Zeit haben. Sich in Geduld üben oder sich schon damit abgefunden haben, dass ihre Bedürfnisse nie richtig oder überhaupt nicht gestillt werden. Wozu also Eile? Gut, das eine ist die furchtbare Langsamkeit, mit der gearbeitet wird, aber das andere ist die Ignoranz. Dieser fehlende Enthusiasmus, den Menschen zu helfen, die sich selber nicht mehr helfen können. Sie wieder mobil zu machen. Sie schlicht und einfach glücklich zu machen, und dafür auch noch bezahlt zu werden.

Ich könnte noch Hunderte, wenn nicht gar Tausende solcher Geschichten berichten. Noch viel, viel schlimmere, aber ich bezweifle, dass das überhaupt jemand lesen will. Wenn es dich interessiert, lese im Internet auf den Seiten von kranken und behinderten Menschen oder sprich sie doch einfach mal an, frag sie, was für sie die größten Stolpersteine sind in ihrem Leben.

Ärsche und die Welt von unten

Ich möchte diese Gelegenheit nutzen, um mit dir über unsere Zukunft zu sprechen.
Wir leben ja nun schon ewig zusammen. Sind gemeinsam aus so mancher Jeans gewachsen und haben die Jahre auf der Schulbank zusammen abgesessen. Ich fand dich immer toll.
Aber seit einiger Zeit hast du dich wirklich stark verändert. Ich denke, das erste Mal wirklich aufgefallen ist mir das im März 2009.
Vorher machtest du einen harmonischen und ausgeglichenen Eindruck, und dann, auf einmal, warst du so verschoben und es war mir, als mangelte es dir an einigen Stellen.
Zuerst war es mir nicht so klar, aber die Defizite wurden immer stärker. Irgendetwas schien mit dir nicht zu stimmen. Aus heiterem Himmel regtest du dich ständig auf und deine Backen, Entschuldigung, aber sie heißen tatsächlich Backen, zuckten dabei unaufhörlich. Ich glaube, du hattest dich einfach nicht mehr unter Kontrolle. Und ich konnte dich nicht mehr verstehen. Dazu kam dieser schlaffe und kraftlose Ausdruck, du hast mich richtig mit runtergezogen! Aber trennen konnte ich mich von dir auch nicht. Ich musste immer wieder an unsere tollen Zeiten denken. Wir zusammen, das erste Mal geschäftlich erfolgreich, weißt du noch? Egal, was ich gegessen habe, ich habe dir immer etwas übrig

gelassen. Du konntest echte »Kracher« loslassen, egal, wie müde die Stimmung war, dann war immer was los, manchmal gab es richtig dicke Luft wegen dir.
Und plötzlich, ja plötzlich hast du mich nicht mehr unterstützt! Du wurdest richtig schwer(fällig). Jetzt habe ich mittlerweile echte Probleme mit dir. Du bist zu Ballast geworden. Besonders nachts. Ich möchte mich auf die linke Seite drehen, aber du bleibst einfach liegen. Und ich habe, ehrlich gesagt, bald nicht mehr genug Kraft für uns beide.
Ich meine, ich will damit nicht sagen, dass du völlig nutzlos und faul bist. In dringenden Fällen kann ich mich durchaus auf dich verlassen, und wenn es nötig ist, hältst du hundertprozentig dicht, dafür bin ich dir unendlich dankbar. Es wäre mir schon sehr unangenehm, wenn du mit den echt »dicken Dingern« einfach so rausplatzen würdest ... Da bist du wirklich sehr diskret. Danke noch mal!
Ach, weißt du was? Wir sollten uns mal wieder etwas gönnen! Ein neues richtig scharfes Outfit ... Oder was meinst du dazu?
Also bis dann, würde mich freuen, mal wieder von dir zu »hören«.

Deine Sabine

Am 28.10.2009 wurde mein Elektrorollstuhl geliefert. Nach einer für mich viel zu langen Wartezeit wurde das gute Stück in unserem Wohnzimmer geparkt. Gott sei Dank, nicht blau, dachte ich. Und: Endlich wieder raus! Aber dann: Scheiße, ist der groß!

Ein neuer Weggefährte rollte in mein Leben. Darf ich vorstellen: Otto Bock! Wir wurden uns vorgestellt, indem er mir angepasst wurde. Die Fußstützen höher, die Armlehnen niedriger.

Ein Blind Date!

Der Gute war mir etwas suspekt. Er stand wie ein Mahnmal in unserem Wohnzimmer. Ein Fremdkörper in meinem Leben und in meinem Haus. Dennoch überwog die Freude, endlich wieder mobil zu sein. Viele Alternativen hatte ich ja nicht. Aus diesem Blind Date wurde eine Zwangshochzeit, denn wir waren dazu verdammt, den Rest unseres Lebens miteinander zu verbringen. Die Vorzüge lagen offen auf der Hand. Ich konnte wieder ein ansatzweise unabhängiges Leben führen. Auch wenn mir der Handrolli um einiges sympathischer gewesen war, überwogen die Nachteile.

Wie ein Baby im Kinderwagen herumgeschoben zu werden, machte keinen Spaß mehr. Dieses ewige Bitten, nach links oder rechts geschoben zu werden, brachte mich an den Rand der Verzweiflung. Und auch meine Familie hatte anfangs Schwierigkeiten, mit mir und meinem neuen Anhängsel zurechtzukommen. Es war ganz bestimmt keine Absicht, aber irgendwie assoziierten alle mit Rollstuhl, also sitzen und Räder unterm Hintern, auch Baby und niedlich. Meine Mama hatte zum Beispiel die Angewohnheit, mich hin- und herzuschieben, wenn wir irgendwo standen. Ungefähr so, wie Mütter es mit ihren Babys im Kinderwagen tun, damit sie schön weiterschlummern.

Im Nachhinein muss ich darüber schmunzeln, denn es hat einige Wochen gedauert, bis ich überhaupt kapierte, was da mit mir passierte. Ich saß da, meine Mama unterhielt sich und wiegte mich sanft in meinem Rolli hin und her, hin und her. Irgendetwas störte mich an der Situation, aber ich konnte gar nicht sagen, was es war.

Einkaufsbummel mit meiner Schwester verkamen regelmäßig zu Offroad-Touren. Was ja auch verständlich ist, wenn man bedenkt, dass wir zwei Frauen im besten Alter sind. Und da kann es schon mal passieren, dass man, wenn man ein

Schnäppchen erspäht, alles fallen lässt, um direkt dahinzuhechten. Blöderweise konnte ich nicht mithechten und im Eifer des Gefechts war meinem Schwesterherz wohl nicht ganz klar, dass sie keinen Einkaufswagen schob, sondern mich. Das Paar Schuhe im Visier, ging es schnellen Schrittes in diese Richtung und mitten im Tempo wurde ich dann losgelassen, damit sie nach den Schuhen greifen konnte. Währenddessen rollte ich langsam aus und kam zum Stehen zwischen den Oberteilen auf dem Rabattständer. Dort wartete ich, bis meine Schwester mir ihre Beute präsentieren wollte und mich dazu erst mal aus dem Kleiderständer hervorziehen musste. Und obwohl ich mir vorgenommen hatte, beleidigt zu sein, mussten wir beide einfach lachen. Meine Schwester wegen meines Anblicks und ich wegen des Gesichts meiner Schwester. Auf alle Fälle konnte ich so beurteilen, dass das Material der Kleidungsstücke sehr angenehm auf der Haut lag und ich empfahl ihr, gleich mal eins, passend zu ihren neuen Schuhen, herauszusuchen.

Aber nun hatte ich Otto. Otto sollte mir Freiheit und Selbstständigkeit geben. Mit dem erforderlichen Wechsel zu Otto Bock verlor mein Leben allerdings auch etwas von seiner amüsanten und witzigen Seite.

Otto ist ein dynamischer, gedrungener Typ, der etwa 130 Kilo wiegt. Und ehrlich gesagt: »Ich hasse ihn«.

Aber er ist ein notwendiges Übel, und so versuche ich, mit ihm klarzukommen. Otto ist wohl der Einzige in meinem Leben, der es nicht schafft, mir ein Lächeln abzuringen, und zu dem mir einfach kein netter Vergleich einfällt.

Ein Rollstuhl ist eben kein Accessoire. Er gehört nicht zu diesen kleinen Dingen, die du dir eben mal ins Haar steckst und die dann ab und zu aufblitzen. Kein Tüpfelchen auf dem I, um deine Persönlichkeit zu unterstreichen. Hat schon mal irgendjemand das Kompliment gehört: »Hey, du hast so eine richtige Rollstuhl-Figur ... Ich finde, du solltest Rollstuhl fahren.« Nein, aber es wird täglich gesagt: »Also, du hast echt ein Mützengesicht oder du hast wirklich ein Brillengesicht.« Oder: »Deine Beine sind so schlank und lang, trag doch mehr Röcke.«

Da ich als Kind eine Brille tragen musste und damals noch eine Brillenschlange war oder eben »mein Fahrrad auf der Nase hatte«, heutzutage eine Brille aber ein Accessoire ist, manche Frauen sogar mit Mitte 20 und älter noch eine Klammer tragen, weil das niedlich ist, besteht ja durchaus Hoffnung, dass auch ein Rolli noch zu einem Accessoire wird.

Dass mich der Rollstuhl wahrscheinlich nicht verschönert oder meine Persönlichkeit unterstreicht, habe ich von Anfang an vermutet, aber wie manche Menschen auf einen Rollstuhl und den Menschen darin reagieren, übersteigt alle meine Erwartungen. Und damit meine ich nicht nur die abfälligen Blicke. Nein, ich meine offene Ablehnung, direktes Angreifen und Klarmachen, dass ich ganz unten in der Hierarchie stehe.

Seitdem ich im Rollstuhl sitze, stelle ich erstmals die These der Bibel, wie die Erde entstanden ist, infrage. Ich denke mittlerweile, dass wir alle irgendwann einmal eine kleine Bazille waren und uns dann weiterentwickelt haben in ein Tier. Zum Glück, und das meine ich wirklich so, zum Glück haben sich die meisten Tiere dann noch weiterentwickelt. Aber, wie wenn du einen durchgekauten Kaugummi von Beton abkratzen willst, bleibt meistens etwas übrig, und wenn es keine Kaugummi-Rückstände sind, dann sind es die Bazillen, die am Kaugummi klebten. Und so haben sich manche Menschen einfach nicht weiterentwickelt, die Züge eines Tieres sind kleben geblieben, und darunter sogar noch die Reste von Bazillen.

Diese Theorie wurde durch eine Begegnung erhärtet.

Es war ein wirklich schöner Sommertag, ich stand mit meinem Rolli am Fußballfeld und schaute meinem Sohn beim Fußballspielen zu. Dieser Street-Soccer-Platz befindet sich in einem Park. Dort ist immer was los, man trifft auf viele verschiedene Menschen mit vielen verschiedenen Ansichten des Lebens. So zum Beispiel die, dass ich vor meinem Leben im Rollstuhl wohl nie ein anderes Leben geführt habe. Es scheint unvorstellbar, dass ich mal nicht im Rollstuhl saß. So geschah und geschieht es oft, dass ich mitleidige Blicke ernte, wenn ich meinem Sohn beim Fußballspielen zusehe. Es kommen Bemerkungen wie: »Hach, ist es nicht schön, den Kindern beim Spielen zuzusehen?« – »Ich kann verstehen, dass Sie sich diesen Platz ausgesucht haben, mal eine kleine Pause machen und den Kindern zuschauen.«

Dabei gehen diese Menschen wie selbstverständlich davon aus, dass ich keine Kinder habe, bekommen werde und geschweige denn, einen Partner dazu habe. Antworte ich dann, dass ich nicht irgendeinem Kind zuschaue, sondern meinem eigenen, sind die meisten Leute wirklich überrascht. Sie ziehen die Augenbrauen hoch und gucken verwundert. Meines Erachtens staunen sie aber nicht, weil ich »trotzdem« Kinder habe, sondern eher darüber, dass es mir »erlaubt« ist, Kinder zu haben.

Und ich kann eines versichern, diese Menschen glauben das wirklich, denn die Menschen, die nicht so denken, sprechen mich erst gar nicht so an, sie haben nicht diese Vorurteile und gehen nicht automatisch davon aus, dass ich eine arme, kranke, behinderte Frau bin, die sich Kinder wünscht.

Die Frage, die ich mir dann stelle, ist, ob diese Menschen mein Dasein wirklich so abwerten? Ist es tatsächlich so, dass sie der Meinung sind, jemand wie ich sollte keine Kinder haben? Gibt es Menschen, die um die menschliche Rasse »besorgt« sind und es verächtlich finden, dass ein behinderter Mensch Kinder hat? Wird mir die Fähigkeit, eine gute Mutter zu sein, abgesprochen, weil ich körperlich behindert bin? Und wenn über mich so geurteilt wird, wird dann auch angenommen, dass meine Kinder Defizite aufweisen, weil sie eine behinderte Mutter haben? Könnte es sein, dass meine Kinder es später oder auch jetzt schon schwerer haben in ihrem Leben? Und zwar nicht nur, weil sie eine kranke Mutter haben, sondern weil bei ihnen davon ausgegangen wird, dass sie »Ausschuss« sind? Weniger Wert, weil ihr Erbgut nicht gut genug sein könnte?

Könnte es sein, dass sich einiges aus der deutschen Vergangenheit so festgesetzt hat und es deshalb heute noch Menschen gibt, die empfinden, dass Juden, Ausländer und Behinderte eine Gefahr für uns Deutsche sind? Natürlich gibt es überall auf der Welt Extremisten, aber ich meine eher die Grundeinstellung, die von Generation zu Generation weitergegeben wird und die so normal ist, dass sie eigentlich gar nicht auffällt.

Um nun aber wieder zur eigentlichen Geschichte zurückzukehren, ein Auszug aus meinem Tagebuch:

Vor ein paar Wochen war ich mit Gabriel beim Street-Soccer im Park. Wir hatten uns etwas zu trinken gekauft, aber ich bekam die Flasche nicht auf. Ich fragte also den Mann neben mir, ob er sie mir öffnen könnte. Er schaute zwar etwas komisch, aber er tat es. Kurz darauf kam Gabriel zu mir und wollte irgendetwas, ich weiß nicht mehr genau was, jedenfalls etwas, das ich alleine mit dem Rolli nicht schaffte. Das sagte ich Gabriel auch und er fand es total doof und verkündete dies lautstark. Es tat mir wirklich sehr leid und das hat man mir wohl auch angesehen. Auf jeden Fall sagte der Mann, der mir die Flasche geöffnet hatte, dann den Standardspruch überhaupt: »Es gibt immer Schlimmeres!«

Natürlich, kann sein, aber ich hasse diese Floskel! Gäbe es dagegen eine Allergie, hätte ich sofort auf die Größe eines Heißluftballons anschwellen müssen. Bloß ignorieren, nur nicht drauf einlassen, einfach nicht abspeichern, dachte ich und lächelte gequält. Aber gerade das war es wohl, was der Mann nicht wollte, und so kam er einen Schritt näher und fing an, mich vollzusabbeln. Was es alles Schlimmeres gäbe und wie schlimm überhaupt alles wäre, dass ich mich nicht so anstellen sollte, dass es so viele Menschen gibt, denen es schlechter geht.

Habe ich ja auch alles niemals bestritten, aber wieso sollte ich mich mit ihm, und vor allem in solch einem Ton, darüber unterhalten? Weil er mir die Flasche geöffnet hat? Ich versuchte mich etwas aus seinem Dunstkreis zu entfernen, denn es stank mir gewaltig, und fuhr mit dem Rolli ein Stück weiter, allerdings wollte ich auch Gabriel im Auge behalten. Aber er ließ nicht locker und meine passive Art schien ihn sogar noch anzustacheln, er machte also weiter. Jetzt reichte es! »Sie wissen doch gar nicht, was ich habe, wer ich bin und wie ich lebe, also bitte urteilen Sie nicht über mich und vor allem: Reden Sie nicht in solch einem Ton mit mir. Ich möchte mich nicht mit Ihnen unterhalten!«

Natürlich hätte ich mir das sparen können, denn jetzt legte er erst richtig los und fing auch noch an, mich wüst zu beschimpfen. Ich fragte mich, warum er so gefrustet und aggressiv war, er hatte doch nur meine Flasche geöffnet?! Langsam wurde ich wirklich sauer, wollte er mir den Tag versauen, oder was? Er redete sich richtig in Rage. Ich wusste mir nicht mehr zu helfen und sagte zu ihm: »Hören Sie, ich habe ALS, das wird Ihnen wahrscheinlich nicht viel sagen, aber statistisch gesehen liegt meine verbleibende Lebenszeit bei drei bis fünf Jahren. Zwei Jahre habe ich schon um, also bitte, ich werde bald sterben und mein Leben ist *wirklich zu kurz, als dass ich mich mit so einem Choleriker wie Ihnen herumärgern möchte. Also bitte halten Sie Abstand und lassen Sie mich in Ruhe!«*

Was auch immer es war, aber er ließ mich in Ruhe und suchte sich einen neuen Platz.

Zunächst fand ich dieses Erlebnis nicht weiter schlimm, und ich wollte auch gar nicht groß darüber nachdenken, aber irgendwie tat ich es die nächsten Tage doch und je mehr ich darüber nachdachte, umso schlimmer fand ich das Ganze. Bin ich jetzt zur Zielscheibe geworden? »Oh, guck mal, die kann sich nicht wehren, da werde ich doch jetzt mal meinen Frust ablassen!« Oder: »Oh, wie schön, die ist in der Rangordnung unter mir, na, der werde ich mal ein paar Takte erzählen, genauso wie mein Chef es heute mit mir gemacht hat!«

Es ist ähnlich wie im Tierreich. Bist du in deiner Herde, beschützt sie dich, sie nimmt dich als schwächstes Glied in ihre Mitte, aber verlässt du die Herde, könnte es passieren, dass du dem Raubtier als Mittagessen dienst und der Geier die ganze Zeit über dir kreist, denn in dir sieht er eine leichte Beute.

Gut, dass ich nicht unter Hyänen lebe, wer weiß, wie das Rudelleben sonst noch so wäre. Eigentlich wäre es doch ganz praktisch, man hätte in manchen Situationen noch sein Tarnfell, aber das haben wir ja leider in der Evolution verloren … Und ganz ehrlich, ich glaube, manche Menschen haben im Verlauf der Zeit noch sehr viel mehr verloren.

Die ganze Sache erlaubte mir nur zwei Schlussfolgerungen: Entweder der arme Kerl war kurz vor dem Verdursten und reagierte deshalb so aggressiv auf mich und mein Getränk oder, und das ist wohl die schlimmere Variante, er hatte sich einfach nicht weiterentwickelt, isst sein Fleisch immer noch roh und beißt alles tot, was schwächer ist als er.

Überhaupt ist mir aufgefallen, dass Männer viel schneller gereizt auf einen Rollstuhl reagieren. Während du von einer Frau gerne mal ein mitleidiges Lächeln bekommst, wenn du mit deinem Rolli im Weg stehst, passiert es öfter, dass Männer dann ihre gute Kinderstube vergessen und explodieren: »Muss das jetzt sein, dass die mit ihrem Rolli den Weg versperrt? Muss die jetzt unbedingt hier lang?« Und das, obwohl ich ihm direkt in die Augen schaue. Auch wenn ich nicht aufstehen kann. Will er oder traut er sich nicht, mich anzusprechen? Wütend wird sich dann an mir vorbeigedrängelt. Und dabei gibt es zwei Dinge, die mich so was von in Rage bringen:

Erstens, dass dabei mein Rolli kaputtgehen könnte, wenn der gute Herr mit seinen geschätzten 100 Kilo auf mir landet und mich dabei verletzt, oder dass er gegen meine empfindliche Steuerung kommt und ich dann mit meinem Rollstuhl jemand anderes verletze. Von diesem ungeduldigen Kleiner-Junge-Gehabe und diesem rüpelhaften, respektlosen Verhalten mal ganz abgesehen.

Und zweitens, das ist wirklich die absolute Krönung: dass ständig irgendwelche fremden Körperteile in meinem Gesicht landen. Mit den Taschen, Rucksäcken und den Reißverschlüssen von offen getragenen Jacken habe ich mich inzwischen abgefunden, aber fremde Körperteile gehen gar nicht. Verschwitzte, stinkende Achseln, dreckige, eklige Hände und Ärsche in allen Varianten. Dicke, dünne, runde, ovale, flache und und und ... mit herausschauendem Feinripp und ohne.

Dass wir in einer Ellenbogengesellschaft leben, wusste ich ja, aber dass es so sinnbildlich umgesetzt wird, so körperlich zur Sache geht, hätte ich nicht für möglich gehalten. Zwar wurde mein Körper nie wirklich ernsthaft verletzt, meine Seele aber schon.

Dieses permanente Ignorieren meiner Schmerzgrenze machte mich langsam, aber sicher aggressiv.

Das ständige Übertreten meiner Intimsphäre machte mich ... ja, was machte es mich eigentlich? Ich würde sagen, mürbe.

Viele Menschen ignorieren Menschen im Rollstuhl so sehr, dass sie sich einbilden, ich wäre ein Busch, ein Stromkasten, eine Mauer oder eine Litfaßsäule.

Immer wieder stellen sich Menschen so dicht vor meinen Rolli, dass ich wirklich Platzangst bekomme. Letztens stand ich während eines starken Regenschauers unter einer Markise vor einem Restaurant. Es war so viel Platz dort und trotzdem stellten sich die Menschen direkt vor meinen Rollstuhl. Manche sind sogar so frech, dass sie meine Armlehne als Ablage für ihren Hintern benutzen.

Hat nicht jeder Mensch einen gewissen Bereich, den man als Fremder respektiert? Von mir aus nennt es Aura. Oder um es mal mit einem Zitat aus *Dirty Dancing* zu formulieren: »Mein Tanzbereich und dein Tanzbereich.«

Durch das Leben im Rollstuhl erkenne ich jetzt kristallklar, wie verschroben die Menschen sind. Während sich in einem Restaurant kaum ein Mensch zu jemandem an den Tisch setzt, wird mein Rolli ohne zu zögern als bequeme Lehne benutzt.

Oder setzt sich auch hier das Tier im Menschen fort?

Haben nicht die meisten Tiere ihre Duftdrüsen am Hinterteil, um damit durch Reiben an Gegenständen oder Bäumen ihr Revier zu markieren?

Während sich also manche Menschen in manchen Bereichen scheinbar kaum weiterentwickelt haben, schießen andere meines Erachtens über das Ziel hinaus. Immer danach bestrebt, sich in diesem Leben möglichst schnell weiterzuentwickeln, eine höhere Stufe zu erreichen, vergessen sie ganz, dass es doch gewisse Hemmschwellen gibt, die man erst übertreten sollte, wenn man eine gute und vertraute Beziehung miteinander hat. Doch genau wie die Paparazzi hinter den Promis her sind, schonungslos ohne Reue, Scham und Anstand, bereit, jede Quelle zu nutzen, sind diese Menschen auf der Jagd nach einem exklusiven Interview mit Frau Tod.

Und um eines mal klarzustellen: Ich bin keine Ex-Geliebte, die ihre Story erzählen möchte, um eine fragliche Berühmtheit zu erlangen.

Das Märchen vom Tod
Eines schönen Tages bei strahlendem Sonnenschein saß ich in meinem Rolli bei uns im Florapark und wollte den Tag genießen. Irgendwie kam ich mit einer Frau ins Gespräch. Schnell kam sie auf die Frage, warum ich im Rollstuhl sitze. Ich gab ihr brav Auskunft, sagte, ich habe ALS und so weiter. Und sie fragte ungeniert, ob meine Lebenszeit dadurch verkürzt sei, wann und wie ich sterben werde. Oh, jetzt geht's aber ans Eingemachte, dachte ich, das ist ja sehr intim, andererseits ist man fast froh, wenn sich mal wirklich jemand für die Krankheit interessiert. Also beantwortete ich auch diese Fragen. Aber mit rein statistischen Antworten gab sie sich nicht zufrieden. Sie wollte genau wissen, wie ich mich fühle. Wie es sich anfühlt, bald sterben zu müssen, und wie es meinen Kindern und meinem Mann damit ergeht. Ich ließ mich tatsächlich in dieses Gespräch verwickeln, obwohl ich das eigentlich gar nicht wollte. Aber sie war so ernsthaft interessiert, dass ich ihr den Gefallen tat.

Als ich ihr dann wohl ausreichend Rede und Antwort gestanden hatte, erläuterte sie mir, dass sie etwas neidisch sei auf meine Situation, ich könne doch froh sein. Jetzt verstand ich gar nichts mehr. So was hatte ich bis dahin noch nie gehört.
Mir fehlten zwar die Worte, aber anscheinend leuchtete auf meiner Stirn ein wild blinkendes Fragezeichen. Sie erklärte mir jedenfalls, dass ich doch Glück hätte, den Tod meines Körpers so zu erleben, bei vollem Bewusstsein. Dass ich dankbar dafür sein kann, mich auf den Tod meines Körpers vorbereiten zu können. Dass ich dadurch geistig und innerlich wachsen könne. Und wie stolz ich darauf sein kann, so früh und so schnell eine höhere Stufe zu erreichen. Das ist sooo toll, einfach fantastisch. Denn, und das war die Erkenntnis: Ich sterbe ja nicht, ich transformiere nur!
Ungläubig, was sie mir da gerade klarmachen wollte, sah ich sie an und sagte: »Herzchen, ich wette mit dir, dass du das Transformieren auch nur so toll und so interessant findest, weil du gerade nicht transformierst und deine Familie auch nicht vor lauter Transformieren zurücklassen musst. Denn wenn du dabei bist zu transformieren, ist das bestimmt keine Leichtigkeit, und besonders spannend und interessant ist es auch nicht.«
Nach längerem Nachdenken sah ich in diesem Ansatz aber auch einen gewissen Vorteil. Denn hätte ich meine Kinder in diesem Glauben erzogen, könnte ich nun sagen: »Nein, Mama stirbt doch nicht, mein Engel, Mama transformiert nur.«

Komischerweise häufen sich bei mir in letzter Zeit die Momente, in denen ich mich frage: »Wie war das eigentlich gemeint? Hätte er oder sie das auch so zu jemand anderem gesagt?«

Obwohl mich diese Fragen schon eine Weile beschäftigen, wollte ich ihnen in meinem Leben und vor allem in meiner Gedankenwelt nicht zu viel Raum geben, deshalb habe ich sie auf meiner Homepage auch nicht erwähnt. Aber da ich in letzter Zeit öfters seltsame Konfrontationen erlebe, werde ich nun doch darüber schreiben.

Vor einiger Zeit habe ich eine nette Bekanntschaft gemacht. Wenig später wurde mir übermittelt, dass sich diese Person nicht mehr bei mir melden wird und keine Freundschaft zu mir aufbauen möchte, weil ich ja aufgrund meiner Diagnose nicht mehr lange leben würde. Und obwohl ich weiß, dass diese Person sich eigentlich nur schützen will, weil sie in ihrem Leben schon viel durchgemacht hat und einige Verluste bereits überstehen musste, frage ich mich, ob man mir so etwas sagen sollte? Ich war ziemlich perplex und mir fiel als Antwort nur ein, dass ich ja noch lebe und auch vorhätte, noch lange zu leben.

In den kommenden Tagen versuchte ich, nicht weiter darüber nachzudenken. Aber das Erlebnis hat mich doch etwas aus der Bahn geworfen. Ich fragte mich, wie ein Mensch darauf kommt, er könne sich mir gegenüber so unverblümt äußern? Es hat mich sehr verletzt. Auch wenn ich die Begründung nicht im Wortlaut kenne, aber dass jemand ganz offensichtlich der Meinung ist, es lohne sich nicht mehr, sich mit mir anzufreunden.

Lieber großer, rechter Zeh

Lieber großer, rechter Zeh …
… ich kann verstehen, dass es dir nicht besonders gut geht, wenn ich bedenke, dass du nicht mehr bewegt wirst und nun darunter leidest.
Natürlich hattest du das so nicht vorgehabt.
Sicherlich hattest du dir dein Leben anders vorgestellt. Wolltest laufen und viel kennenlernen. Du hast es immer geliebt, in verschiedene Schuhe zu schlüpfen, aber besonders gerne bist du nackt gegangen. Hast es genossen, wenn das Gras dich gekitzelt hat, wolltest bestimmt noch öfter den warmen Sand spüren.
Erinnerst du dich noch, wie wir durchs Watt gelaufen sind? Ich glaube, wir waren fünf oder sechs Jahre alt, und du wurdest von oben bis unten von einer Miesmuschel aufgeschlitzt. Man, was hast du geblutet. Alle waren ganz aufgeregt. Und ich habe wirklich mit dir gefühlt. Ich kann mich auch noch gut erinnern, als der schwarz-weiße Hund dich gebissen hat. Zum Glück hattest du nur eine Schürfwunde und wir sind beide mit dem Schrecken davongekommen.
Ich möchte gar nicht wissen, wie viele Höhen und Tiefen wir tatsächlich und sinnbildlich durchwandert sind. Wir waren wirklich ein gutes Team!
*Du hast mich tatkräftig beim Tanzen unterstützt, hast so manchen blöden Jungen für mich in den A**** getreten und hast mich nach so manch durchfeierter*

Nacht zusammen mit deinen neun Freunden sicher nach Hause gebracht.
Auf dich war immer Verlass!
Ich vermisse die Zeiten, als ich dich und deine Freunde mit buntem, glitzerndem Nagellack geschminkt habe, um dich dann in den neuen Sandalen chic auszuführen.
Ich habe dich gehalten und gestreichelt, wenn du dich gestoßen hast, bis der Schmerz nachließ … und glaube mir: Dein Schmerz war auch mein Schmerz.
In solchen Momenten habe ich so manche Träne für dich vergossen.
Du sollst wissen, dass du immer mein einziger großer, rechter Zeh bleiben wirst! Ich werde für dich da sein, wenn du wieder mal die ganze Nacht zuckst. Ich bin dir nicht böse, dass du nun nichts mehr für mich tun kannst, denn richtige Freunde bleiben unzertrennlich.
Und auch wenn du nun kraftlos und müde bist, so bist du doch bei mir!
Es tut mir so leid, dass ich dir deinen großen Wunsch (das Joggen) nicht erfüllt habe. Hätte ich gewusst, dass uns nur noch so wenig Zeit bleibt, hätte ich es nicht immer wieder verschoben. Bitte verzeih mir!
Ich liebe dich
Deine Sabine

Eines Tages war es so weit: Ich musste mich nicht nur von meinem Zeh verabschieden, jetzt war auch die Verbindung zu meinem Fuß weg.
Ein merkwürdiges Gefühl. Er ist da, ich merke ihn auch, aber er reagiert nicht mehr auf mich.

Es fühlt sich an wie eine Münze, die ins Innenfutter der Jacke gerutscht ist. Ich merke ganz genau, dass sie da ist, aber ich komme nicht an sie ran. Durch irgendein kleines Loch ist sie in die Zwischenwelt gerutscht. Nicht lange, und auch der andere Fuß konnte mit meinen Gedanken und Befehlen nichts mehr anfangen. Da klötern sie nun, die Münzen im Futter meiner Jacke, und ich finde keinen Zugang zu ihnen.

Mit dem Laufen ist es wohl wie mit dem Rauchen, man kann und will nicht aufhören. Es ist eine Sucht, ein Verlangen. Ich fühle mich, als würde ich vor einem Zigarettenautomaten stehen und dringend diese Münzen aus meinem Jackenfutter brauchen, aber ich bekomme sie nicht zu fassen. Im Moment begnüge ich mich noch mit dem letzten bisschen trockenen Tabak, aber mir ist klar, der hält nicht mehr lange. Und ein Genuss ist er auch nicht wirklich. Er dient nur dazu, die Sucht zu befriedigen.

Auf der Heimfahrt von meinen Eltern bin ich im Auto eingeschlafen und als ich dabei war, wach zu werden, hatte ich auf einmal die Idee, wie es sich wohl anfühlen würde, wenn ich, Zu Hause angekommen, ganz normal aus dem Auto steigen und ins Haus gehen würde.

Ich überlegte weiter, ob ich mich überhaupt noch daran erinnern kann, wie es sich anfühlt, zu laufen. Ich meine, nicht nur gehen, sondern richtig laufen, rennen und so weiter. Ich kann mich nicht mehr daran erinnern. Wahrscheinlich, weil ich nie besonders gerne gerannt bin, denn ich war eher der unsportliche Typ. Jetzt würde ich gerne rennen und laufen, und ich stelle es mir ganz wunderbar vor. Ich laufe auf einem Feldweg und es ist ganz mildes Wetter, ein leichter Wind umspielt mich, ich spüre genau, wie meine Fußsohlen den Boden berühren, die Erschütterung im Körper, wie sich die Muskeln anspannen … Mann, wäre ich jetzt sportlich, wenn ich nur könnte.

Wie das eben so ist: Früher konnte ich laufen und gehen und war froh um jeden Weg, den ich nicht zu Fuß erledigen musste, und nun, da ich es nicht mehr kann, würde ich es so gerne.

Trieb, Sucht, Verlangen! Ja, mein großer Wunsch, nicht nur laufen, sondern auch flüchten zu können. Angst bei dem Gedanken, flüchten zu müssen und es nicht zu können. Ausgeliefert in einer Situation oder einem Menschen. Eine schlimme Angst für mich.
Ich habe oft das Gefühl, dass ich mich nicht verteidigen könnte, wenn ich es müsste. Mal eben schnell einen Schritt zur Seite gehen, wenn es nötig wäre. Ich habe Angst, dass große, wuchtige Menschen aus Unachtsamkeit auf mich fallen. Dieses Gefühl, ausgeliefert zu sein, macht mich wirklich fertig.

Aber es geht mir nicht nur darum, einer potenziellen Gefahr aus dem Weg gehen zu können, sondern auch, sich aus unangenehmen Situationen befreien zu können. Viele Menschen denken leider, dass man als Rollstuhlfahrerin nicht mehr viele eigene Bedürfnisse hat. Einige Menschen denken sogar, dass sie mir noch aufzeigen müssten, wie beschissen meine Situation ist.

Männer sind da oft sehr direkt. Es gibt echte Arschlöcher und andere akzeptieren dich einfach, wie du bist, oder sie halten gleich Abstand, aber das erkennst du immer ziemlich schnell. Frauen sind da anders. Erst sind sie sehr, sehr mitfühlend und fürsorglich, um dich dann, wenn du deinen Schutzpanzer abgelegt hast, mal so richtig klein zu machen.

Auf einer Party passierte mir Folgendes.

Es war eine kleine nette Geburtstagsfeier und ich rollte dort mit meiner Mama, den Kindern und meinem Mann an. Mein

Mann hatte sich auf den Stuhl neben mich gesetzt und hielt meine Hand. Trotzdem wurde davon ausgegangen, dass mein Mann mit meiner Mutter verheiratet sei. Ich lächelte das erst mal weg, denn nur wegen einer falschen Annahme wollte ich mir den Abend nicht verderben lassen. Als sich dann ein paar aufrafften, um eine rauchen zu gehen, schloss ich mich ihnen an. Als ich wenig später wieder zur Feier zurückrollte, sah ich, wie mein Mann nur allzu offensiv angetanzt und betüddelt wurde. Ich blieb im Flur stehen, um mir das Schauspiel von dort aus anzusehen. Überreagieren wollte ich ja auch nicht ... Aber als mein Mann mich entdeckte, kam er gleich auf mich zu und holte mich ins Geschehen. Die Stimmung war gut und einige Mädels tanzten ausgelassen.

Da stand ich nun zwischen den tanzenden Mädels, während mein Mann etwas zu trinken holte. Eine junge Frau tanzte direkt neben meinem Rollstuhl. Langsam wurde mir bewusst, dass ich in einer ziemlich bescheidenen Situation festsaß. Ich, die nichts lieber getan hätte, als zu tanzen, saß hier im Rolli zwischen diesen tanzenden Mädels. Ich fragte mich, was ich hier eigentlich suchte. Das Ganze wurde noch auf die Spitze getrieben, als die junge Frau mir erzählte, wie nett doch mein Mann sei. »Ja, ja«, sagte ich und lächelte gequält. Dann fragte sie mich, ob ich diese Party nicht auch super fände. »Ja«, beteuerte ich, noch gequälter. Dann, ob ich es nicht auch super fände, wie man hier tanzen könnte zu dieser super Musik.

Was für eine Schrecksekunde! Ich war fassungslos, dass sie ausgerechnet mich das fragte, und ohne zu antworten schmiss ich meinen Rolli an und suchte das Weite. Mein Mann erkannte sofort an meinem Gesichtsausdruck, dass etwas gewesen sein musste, und begleitete mich nach Hause. Ich wollte wirklich nix sagen, denn mein Mann konnte ja nichts dafür, aber während er mir dabei behilflich war, mich aus meinen Klamotten zu puhlen, brach der Unmut doch aus mir heraus. »Was mache ich eigentlich auf so einer Party? Wieso werde ich gefragt, wie ich die Musik zum Tanzen finde?« Davor bin ich solchen Situationen meist aus dem Weg gegangen, nun wurde mir klar, wie sehr ich es vermisste, auf Partys zu gehen, zu tanzen, Spaß zu haben. Erstens war ich todunglücklich über die Erkenntnis, dass ich wirklich nicht mehr tanzen und laufen kann, zweitens hatte ich das Gefühl, dass diese ganze Unterhaltung mit Absicht so geführt wurde, um mir klarzumachen, wo ich mich befinde.

Ich frage mich, warum mir so etwas immer wieder passiert. Zum einen ist es sicherlich, weil jede Frau einen Versorger sucht. Und ich denke, dass mein Mann in vielen Frauenaugen der ultimative Mann ist. Er hat alles für mich hingeworfen und versorgt und pflegt mich vorbildlich. Er steht mir bei und unterstützt mich, und zu allem Überfluss hat er auch noch so eine wunderbare Stimme. Welche Frau wünscht sich nicht so einen Mann?

Und ehrlich, leider können manche Frauen gar nicht verstehen, warum er bei mir, dieser behinderten Frau, bleibt. Und obwohl sie sich eben genau so einen oder diesen Mann wünschen, der ihnen in guten wie in schlechten Tagen beisteht, hätten sie ihn lieber bei sich als bei mir.

Natürlich ist man sich seines Partners nie wirklich sicher, doch ich muss gestehen, dass ich oft im Badezimmer auf meinem Duschrollstuhl sitze und mich selber ankotze. Und mich dann frage: Was habe ich eigentlich noch zu bieten? Wenn man nur mal meine weiblichen Reize nimmt. Mit jeder Nervenzelle, die in mir abstirbt, stirbt auch ein Teil meiner Weiblichkeit.

Mit seinen Reizen soll man nicht geizen … Netter Spruch, den ich früher auch gar nicht so unpassend fand. Nun allerdings ist alles anders, meine Reize liegen in mir. Vielleicht ist es interessant, dass ich Songtexte schreibe, vielleicht ist es interessant, dass ich dieses Buch schreibe, aber wer sieht das schon? Ich bin es nicht gewohnt, mich mit einem nicht funktionierenden und immer schlechter funktionierenden Körper auseinanderzusetzen. Ich bin es nicht gewohnt zu warten, bis ich meine inneren Werte präsentieren darf, und ich bin es nicht gewohnt, erst einmal aussortiert zu werden, weil ich im Rollstuhl sitze. Ich bin es nicht gewohnt, mich gegen solche Frauen nicht wehren zu können. Und ehrlich, ich will und kann mich auch nicht daran gewöhnen.

Von dem Gefühl, meine Füße nicht mehr richtig kontrollieren zu können, habe ich mich nun erfolgreich verabschiedet, aber mit jeder Kleinigkeit, die ich zusätzlich nicht mehr kann, verabschiede ich mich nicht nur von der Tätigkeit, die ich nun nicht mehr alleine ausüben kann, sondern auch von einem Teil meines Selbstbewusstseins.

Es wäre zu oberflächlich zu glauben, dass ich bloß meine Arme nicht mehr richtig heben kann. Man stelle sich vor, was ich damit alles verliere.

Was gebe ich für die Erinnerung, eine Treppe hinunterzurennen. Den stumpfen Aufprall meiner Füße zu spüren, der bis ins Genick hinaufreicht. Das Geräusch meiner Zähne noch einmal im Ohr wahrnehmen, wenn sie aufeinanderklacken. Das Treppenlaufen ist sinnbildlich für mich geworden für das, was ich so sehr vermisse: Kraft, Dynamik, Unabhängigkeit. Mit den Kindern toben, tanzen, ein Gaspedal treten, den Schnee unter meinen Winterstiefeln knirschen hören. Ich hätte mehr erwartet. Mehr Trauer um großartige Dinge. Aber es sind die kleinen alltäglichen Dinge, die ich so schmerzhaft vermisse. Und doch ist es etwas Großes, meine Unabhängigkeit.

Was mich auch total nervt, ist, dass ich überhaupt keinen Stress mehr vertrage. Früher bin ich unter Stress erst richtig aufgeblüht, heute langt schon das Klingeln an der Haustür, und ich bin fix und fertig.

Warum, um Gottes willen, lebt man so unbewusst? Warum, verdammt noch mal, habe ich so unbewusst gelebt? Es ist nicht selbstverständlich, zu essen, zu reden, zu sehen, zu laufen, sich zu frisieren, zu verstehen!

Leider werde ich wohl keine zweite Chance bekommen, um dann ganz bewusst zu leben. Aber meine Kinder haben diese Chance, in dem Bewusstsein aufzuwachsen, dass eben nichts selbstverständlich ist.

Und jeder hat die Chance, sofern man gesund ist und keine Beeinträchtigungen hat, bewusst zu leben. Jeden Schritt, jedes Wort, jeden Augenblick zu genießen und abzuspeichern, für den Moment, in dem man diese Erinnerungen braucht.

Liebe Schultern,
ihr seid schwach, als läge alle Last der Welt auf euch. Seid verkrampft und widerspenstig, als wolltet ihr mich von jedem Handgriff abhalten.
Für meine Kinder seid ihr stets stark gewesen, sie konnten sich bei euch anlehnen, Trost finden, sich ausweinen oder einfach ankuscheln.
ihr seid der Hebel, der alle meine Handgriffe ermöglicht hat. Auch jetzt beweist ihr, dass ihr am längeren Hebel sitzt, denn ihr wollt meine Arme nur noch ungern heben. An manchen Tagen zeigt ihr mir ganz offen durch diesen furchtbaren Schmerz, dass ihr keine Kraft mehr habt.

Um das Wäscheaufhängen, das Staubwischen und Abwaschen tut es mir nicht leid! Doch auf das Haarewaschen, das Zurechtmachen und das Malen zu verzichten, fällt mir schon sehr schwer. Und eins habe ich dabei gelernt: Ein selbstbestimmtes, unabhängiges Leben ist ohne euch nicht möglich!
Also bitte, haltet noch etwas durch …
ich brauche euch!

Eure Sabine

Nach der Niederlage, mir eingestehen zu müssen, dass mein Kopf einfach zu schwer wurde für meine Rückenmuskulatur, musste ich mir irgendwann auch eingestehen, dass meine Schultern, vor allem die rechte, sich diesem Aufgeben solidarisch anschloss.
Das Problem mit meinem Kopf war für mich schon eine echte Katastrophe, auch wenn ich anfangs versuchte, das Ganze mit etwas Galgenhumor herunterzuspielen. So erklärte ich dann mit aufgesetzter Fröhlichkeit, dass es ja auch kein Wunder sei, bei meinem außergewöhnlich großen Gehirn, wenn mein Kopf eben irgendwann nach vorne kippte. Ich hätte eben solch einen Dickkopf, dass selbst die Muskeln ihm nicht mehr standhielten.

In Wirklichkeit stand ich an einem Abgrund. Ich stand so dicht am Rand, dass sich bereits kleine Steine lösten und der Blick in diese Tiefe fiel, in der kein Boden auszumachen war. Außerdem war der Abgrund locker 200 Meter breit. Trotzdem schwang ich ein dünnes Seil in meiner Hand und versuchte, alle anderen und vor allem mich davon zu überzeugen, dass es doch nun wirklich kein Problem sei, diesen Abgrund zu überwinden. Doch selbst ich erkannte sehr bald, dass er nicht zu überwinden war.

Als dann auch noch meine rechte Schulter immer schwächer wurde, verblasste die Hoffnung, doch nicht ALS zu haben, jeden Tag ein wenig mehr.

Mit dem Beginn des Aufgebens meiner rechten Hand war mir klar: Nun ist es wirklich an der Zeit, diesen von mir immer noch nicht anerkannten Koffer unter dem Bett hervorzuziehen und endlich die Kleider darin anzuprobieren.

Schwere, schwarze Tage folgten dieser Entscheidung. Ich wusste zwar, dass ich mich irgendwann damit abfinden musste, aber es war schwerer als erwartet.

Schuldig

Schuldig

Was ist von deinen Träumen übrig geblieben
Die dich damals vorantrieben?
Ist auch nur ein Bruchteil von ihnen wahr geworden?
Oder musstest du sie grauenvoll morden?
Unbewusst bist du irgendwie irgendwann zum Mörder geworden
Und du hast skrupellos begonnen, deine Träume zu ermorden
Dieses Verbrechen war dir lange nicht bewusst
Du empfandest dabei keine Genugtuung oder Lust
Jahrelang hast du damit zugebracht, alles zu verdrängen
Ängste hielten dich in ihren Fängen
Nun gilt es, das Motiv zu benennen
Sämtliche Gründe, die dich dazu brachten, zu erkennen
Es ist ohne Zweifel eine Verzweiflungstat gewesen
Aber hier und heute wird die Anklageschrift verlesen
Es gibt keinen Grund, auf Unschuld zu plädieren
Diese Verhandlung wirst du verlieren
Die Beweise sprechen gegen dich – du musst gestehen
Diesen Weg wirst du nun gehen
Gnadenlos wird heute dein Urteil bekannt gegeben
Und es lautet: Mit dieser Schuld musst du fortan leben.

Ja, die liebe Schuld, auch so ein ständiger Wegbegleiter. Der ist daran schuld, die hieran. Wegen dem ist das und wegen

der ist dies passiert. Ich? Nee, nee, ich kann da eigentlich gar nichts für.
Schuld entsteht aus Fehlern. Fehler machen wir ja alle. Und ich finde, gesteht man wenigstens seine Fehler ein, ist die Schuld vielleicht nicht mehr ganz so schlimm. Na ja, auf jeden Fall wird das gerne bei der Justiz so gemacht, gestehst du, erwartet dich eine geringere Strafe. In manchen Fällen wahrscheinlich auch sinnvoll, und bei einigen sicherlich auch als Reue zu verbuchen.

Ich bereue auch! Ich habe viele Fehler gemacht. Und da ich finde, man sollte erst einmal vor der eigenen Tür kehren, werde ich jetzt mal über meine Fehler sprechen und auch über meine Schuld.

Schwieriges Thema! Wer stellt sich schon gerne selbst an den Pranger, wenn er es nicht unbedingt muss?

Auf jeden Fall habe ich ganz sicher viele Fehler gemacht. Als Erstes fällt mir da die Geschichte mit meinem Großen ein. Ich habe ihm damals, da war er etwa sieben oder acht Jahre alt, die Haare geschnitten. Mit einer Haarschneidemaschine. Wir hatten alle gute Laune und die Stimmung war ausgelassen. Ich wollte ihm nur noch die Seiten an den Schläfen etwas kürzen und griff zu der Maschine. Kurz vorher hatte ich sie von den Haaren befreit und blöderweise nun vergessen, wieder einen Aufsatz draufzumachen. Ich fuhr also mit der Maschine an den Seiten entlang und über die Ohren und, oh Schreck, alle Haare waren ab. Ich habe mich wirklich total erschrocken. Eigentlich wollte ich mir nichts anmerken lassen und die Frisur meinem Sohn als neuesten Trend verkaufen, aber er merkte natürlich, dass etwas nicht stimmte.

Um das Ungeschick zu vertuschen, fuhr ich sogar noch extra mit der Maschine über die andere Seite, damit es wenigstens gleich aussah. Und als er das Unheil entdeckte, versuchte ich, es schönzureden.

Aber es half nichts. Mein Sohn war völlig entsetzt und sehr unglücklich. Ich fand das Ganze gar nicht sooo schlimm. Er aber schon, wie er mir etwa sechs oder sieben Jahre später gestand. Da hatte ich ganz schön Mist gebaut. Schuld daran war natürlich, dass ich abgelenkt wurde. Nein, schuld daran war nur ich. Und ich kam auch nicht umhin, mich wirklich und ernsthaft dafür zu entschuldigen. Auch wenn ich die Tragweite erst Jahre später verstanden habe.

Ich hoffe, dass ihm diese ehrliche Entschuldigung, auch wenn sie erst nach Jahren kam, geholfen hat.

Und manchmal geht es ja auch gar nicht um Rache, Vergeltung oder Schadensersatz, manchmal geht es einfach um eine Entschuldigung.

Vielleicht bräuchte es gar nicht so viele Gerichtsverhandlungen oder Versicherungsvergleiche, wenn es einfach mal eine Entschuldigung geben würde.

Entschuldigungen, auf die auch ich immer noch warte. Dabei geht es nicht um abgeschnittene Haare, die wieder nachwachsen, sondern um mein Leben.

Und somit wären wir dann bei meiner Fehldiagnosen-Odyssee. Bei Ärzten, die meinen, sie wären Götter, sie stünden über andere. Frei von Schuld, da sämtliche Vorwürfe an ihren ach so weißen Kitteln abperlen. Kittel, die in der Krankenhaus-Wäscherei jeden Tag aufs Neue gewaschen, gebleicht und gestärkt werden, um diesen Arzt rein, unschuldig, heilig wie die Jungfrau Maria, zu halten. Arztmenschen, die diesen Schutz brauchen, ein Gewand, das sie gottgleich macht.

Ich habe erkannt, dass es den meisten Ärzten ganz bestimmt nicht an Fachwissen fehlt. Es fehlt ihnen an Empathie und an Vertrauen in die Menschen.

Mit großem Vertrauen in die Ärzte und in die Wissenschaft bin ich damals ins Krankenhaus gegangen. Klar, wird mir da geholfen! Ziemlich zuversichtlich, naiv und offen für die hundertprozentige Heilung bin ich in das erste Krankenhaus marschiert. Ja, damals bin ich noch marschiert. Das war im Dezember 2008. Die Symptome waren noch nicht stark, aber es war auffällig, dass ich nicht mehr lange stehen konnte. Ich trug keine Hackenschuhe mehr, warum, war mir eigentlich gar nicht klar. Ich brauchte für jede Arbeit, für jeden Handgriff eine Ewigkeit. Die Arme wurden lahm und es fiel mir mal dies, mal das aus der Hand. Ich hatte einen beträchtlichen Tatter in der rechten Hand entwickelt und musste mich zusammenreißen, wenn ich etwas Filigranes machen wollte. Noch konnte das alles einfach nur Stress sein. Aber ich entschied mich dafür, es besser abklären zu lassen.

Und so ging ich zu meinem Hausarzt. Er wies mich ins Krankenhaus ein, mit dem Verdacht auf multiple Sklerose (MS). Nach zehn Tagen wurde ich entlassen. Eine MS wurde ausgeschlossen, aber was ich stattdessen hatte, wussten sie auch nicht. Die Empfehlung war, eine Rheumaabklärung machen zu lassen, auch wegen der Schuppenflechte.

Mein Zustand verschlechterte sich immer weiter. Alles wurde noch schlimmer. Ich konnte nur noch kurze Strecken laufen. Also wieder ins Krankenhaus zur Rheumaabklärung.

Im ersten Moment tippte mein Hausarzt auf MS. Passte ja auch, glaube ich, aber ich kenne mich da nicht wirklich aus. Es wurden also alle relevanten MS-Untersuchungen bei mir durchgeführt, mit der frohen Botschaft, dass es keine MS ist. Zudem winkte man gleich mit dem Entlassungsschein. Oh, wie schön, aber was könnte es denn dann sein …? Sicher hatte die ganze Sache mit meiner eventuellen Schuppenflechte zu tun. Müsste nur mal festgestellt werden, ob es tatsächlich eine Schuppenflechte ist.

Aber ich wusste doch, dass es eine ist!? Egal, ich wurde mit dem Taxi von Schleswig nach Kiel in die Uniklinik gebracht, um einen Professor draufschauen zu lassen.

Und, ach was: »Frau Niese, Sie haben eine Schuppenflechte.«

Welch Überraschung aber auch. Also wieder heimwärts nach Schleswig. Ich meine, ich bin ja eine Frau, noch dazu habe ich die Gabe, Geld für völlig unnötige Dinge hinauszuwerfen. Aber das empfand sogar ich als übertrieben. Eine Schuppenflechte diagnostizieren zu lassen, noch dazu unter einem gewissen Aufwand, obwohl sie bereits diagnostiziert war. Der Taxifahrer war sehr nett und ihm habe ich das Geld so kurz vor Weihnachten auch wirklich gegönnt.

Nun war es also amtlich, von einem Professor beglaubigt: Ich hatte eine Schuppenflechte. Man versprach mir in Schleswig, für mich einen Termin in einer Klinik an der Ostsee zu vereinbaren.

Irgendwie erinnert so eine Diagnosefindung auch an eine Schnitzeljagd. Hast du erst einmal einen Hinweis falsch gedeutet, wirst du garantiert auch in die falsche Richtung laufen und dich womöglich in irgendeine Antwort verrennen, nur um überhaupt etwas Sinnvolles aufs Papier zu bekommen. Und so ähnlich erging es dann auch den Ärzten mit meinem Fall.

Mitte Dezember ging es an die Ostsee in eine vielversprechende Klinik mit lauter Koryphäen. Ich bekam ein nettes Zimmer zusammen mit ein paar anderen Mädels. Die Stimmung war gut.

Also ich habe kein Rheuma, und was ich habe, hat auch nichts mit der Schuppenflechte zu tun. In diesem Krankenhaus nahm man mich nicht besonders ernst. Nach einer eher dürftigen Untersuchung wurde Fibromyalgie diagnostiziert ...

Fibromyalgie ist dem Weichteilrheuma ähnlich. Eine Art Muskel-Faser-Schmerz. Man hat aber noch weitere Symptome, wie zum Beispiel Müdigkeit, Schmerzen, auch Druckschmerz, Antriebslosigkeit und geschwollene Hände.

Diese Untersuchung verlief ungefähr so: Plötzlich preschte ein Arzt in mein Zimmer. (Im Nachhinein erfuhr ich, dass dies der Professor war.) Er drückte mir mit Daumen und Zeigefinger auf Hals und Schultern. Ich reagierte natürlich auf diesen Druck mit »Aua!«. Zum einen, weil ich gar nicht wusste, was der da mit mir machte, und zum anderen, weil ich total erschrocken war. Ich meine, jeder würde doch Aua sagen, wenn man ihm da so reindrückt. Na ja, anscheinend war das Drücken schon eine Untersuchung.

Ich bekam einen Aufklärungsbogen. Mir war allerdings ziemlich schnell klar, dass ich keine Fibromyalgie haben konnte. Ich hatte zwar Schmerzen, aber vor allem in den Waden und Oberschenkeln, allerdings nicht so, wie es in diesem Bogen erklärt wurde. Ich litt auch nicht an Antriebslosigkeit. Ich wollte ja, aber ich konnte einfach nicht. Ich erkannte meine Beschwerden einfach nicht in diesen Beschreibungen wieder.

Am Nachmittag kam ich in mein Zimmer und auf meinem Bett lagen ein paar Zettel. Und so erfuhr ich dann, dass ich Fibromyalgie haben sollte. Huch ...

Wie auch immer, eine Diagnose kann man sich wohl nicht aussuchen, und so las ich diese Aufklärungsbögen eben. Alles Reden und Debattieren half dann auch nichts, ich hatte nun diese Diagnose und wurde auch gleich entsprechend verplant. Sportanwendungen ohne Ende, Wassergymnastik, Reizstrombehandlungen, Seminare über Schmerzverarbeitung und über die Krankheit an sich. Perfekt, wenn man denn Fibromyalgie hätte. Aber ich war überzeugt, sie nicht zu haben.

Die Wege zu den Anwendungen waren so weit, dass ich sie kaum schaffte. Sport machte mich absolut fertig. Nach der Rückengymnastik ging gar nichts mehr. Ich legte mich in mein Bett und mochte nicht einmal mehr essen. Zum Essen bekam ich jedes Mal einen Kaloriendrink, da ich angeblich zu dünn war. Ich wurde mit Hingabe therapiert, aber alles machte es nur schlimmer, und so verweigerte ich schließlich die Anwendungen.

Ich versuchte, mit den Ärzten zu reden, aber sie reagierten eher desinteressiert. Eine Diagnose hatten sie ja …

Es fand kein Gespräch statt, in dem ich mich hätte erklären können. Durch die Blume wurde mir mitgeteilt, dass ich nur meinen inneren Schweinehund überwinden müsste. Ich sei einfach untrainiert. Dabei erhielt das »untrainiert« aber einen gewissen Unterton, sodass sie gleich hätten sagen können, dass sie mich als faul einstuften.

Ich versuchte wirklich, mich zu wehren, erklärte, dass ich bestimmt nicht faul sei, drei Kinder und zwei Hunde habe und den ganzen Tag arbeiten würde. »Ich will ja, aber ich kann doch nicht!« Aber stell dich mal nachts in den Grand Canyon, da wird dich auch keiner hören.

Dennoch hatte ich das Gefühl, dass es existenziell für mich sei, in der Klinik richtig wahrgenommen zu werden, und so versuchte ich vehement, mit jemandem zu sprechen. Es kam dann auch jemand, und zwar ein Pfleger, der mir sagte, dass ich nun zu einer Psychologin müsste, da ich meine Diagnose nicht annehmen wollte. Ich versuchte ihm zu erklären, dass ich die richtige Diagnose sehr wohl annehmen würde und die daraus folgende Therapie erst recht. Aber doch nicht diese, die gar nicht zu meinen Beschwerden passte.

Mir wurde dann mit Nachdruck von den Pflegekräften und den Ärzten klargemacht, dass ich zu der Psychologin müsste, fünf Tage lang, und dass ich das auch zu unterschreiben hätte, da meine Krankenkasse sonst den Krankenhausaufenthalt nicht übernehmen würde.

Ich glaube, so, wie ich in diesem Augenblick geguckt habe, guckt nicht mal ein Huhn, wenn es donnert. Also unterschrieb ich den Wisch. Ehrlich gesagt, hatte ich die Erwartung, dass mir die Psychologin glauben und für mich noch einmal mit dem Arzt sprechen würde. Stattdessen bescheinigte sie mir ein aggressives Verhalten. Also, ich bin weder auf jemanden losgegangen noch habe ich irgendwelche Stühle herumgeworfen. Ich wollte sie nur davon überzeugen, dass sie noch einmal mit dem Professor sprechen musste, damit er mir zuhörte.

Aber keine Chance. Häuptling Professor hatte gesprochen, und das war's dann.

Ich wurde entlassen und meine Eltern holten mich ab. Auf dem Weg zum Auto wurde mir erst richtig klar, wie verheerend dieser Krankenhausaufenthalt für mich gewesen war. Mit Müh und Not schaffte ich es bis zum Auto.

Am nächsten Tag ging ich gleich zu meinem Hausarzt. Ich war völlig am Boden zerstört und auch mein Arzt war nicht besonders glücklich über die Diagnose. Was also tun?

Mittlerweile hatte sich an meinem Hinterteil eine nicht zu übersehende Delle gebildet. Von meiner rechten Backe fehlte ein beträchtliches Stück. Dieses fehlende Stück hatte ich bei einem Toilettengang entdeckt. Nein, es war nicht in der Toilette gelandet, es war einfach weg. Es war eindeutig eine Delle. Etwas, das vorher da war, war nun weg.

Mein Hausarzt war über die Delle total erschrocken und wies mich erneut in ein Krankenhaus ein. Diesmal mit Verdacht auf ALS.

Wir entschieden uns für ein Krankenhaus in Niedersachsen, von dem man bislang nur Gutes gehört hatte.

Frühmorgens machte ich mich mit meinem Papa auf den Weg dorthin. In der Klinik angekommen, waren wir etwas überrascht von dem gräulich anmutenden Eindruck. Man hatte zwar versucht, die muffige Atmosphäre mit ein paar Bildern zu verscheuchen, aber irgendwie wirkte das Krankenhaus heruntergekommen. Wir witzelten noch darüber, dass es aussah wie in einem Supermarkt, der eigentlich schon pleite war. Während der ewigen Wartezeit kam uns der Gedanke, doch lieber wieder nach Hause zu fahren. Doch die Hoffnung auf einen engagierten Arzt war größer, dafür wollten wir auch über den ramponierten Zustand des Krankenhauses hinwegschauen.

Zunächst musste ich sechs Stunden warten, bis ich in ein Zimmer konnte, obwohl ich einbestellt war. Der Oberarzt, der mich untersuchte, wirkte wenig motiviert, von mir hatte er den Eindruck, dass ich überarbeitet und überfordert sei. Das fand ich ja schon mal eine Frechheit. Besonders wenn diese Feststellung quasi auf den ersten Blick getroffen wird. Ich zeigte ihm meine »Delle« und er fragte mich daraufhin, ob ich ein Foto von meinem Hintern von vor ein oder zwei Jahren dabeihätte, sonst könne er das ja gar nicht beurteilen. Da fällt einem doch nichts mehr zu ein … Es wurde dann eine Elektroenzephalografie (EEG) gemacht. Dabei wird einem eine Art Badehaube aufgesetzt, an ihr werden Elektroden befestigt, die Kontakt mit der Kopfhaut haben. Dadurch kann die Aktivität vom Gehirn gemessen und so natürlich auch erkannt werden, wenn irgendetwas nicht richtig funktioniert. Die Ergebnisse der Untersuchung waren allerdings so gestört, dass man sie nicht auswerten konnte. Anschließend wurde ein EMG an zwei Muskeln gemacht. Bei einer EMG-

Untersuchung, ausgeschrieben: Elektromyografie, können die Ärzte anhand der Muskelaktivität erkennen, ob es sich um eine muskuläre oder um eine nervliche Ursache der Beschwerden handelt. Da aber die Elektroden bei der Untersuchung nicht auf meiner Haut kleben wollten, hielt der Arzt sie einfach fest.

Bei der Nervenleitgeschwindigkeitsmessung (NLG) ging ebenfalls so einiges schief. Bei der Untersuchung wird gemessen, wie lange ein Stromimpuls zum Beispiel vom Kopf zum rechten Fuß braucht und ob er überhaupt dort ankommt. Es werden Elektroden, wie bei mir, am Fuß angebracht und dann eine Spule auf den Kopf gehalten, mit der Strom in den Körper geleitet wird, der optimal am Fuß ankommen sollte. Manche Krankheiten können daran erkannt werden, dass eben zu wenig Strom an den Elektroden ankommt.

Was ich in diesem Krankenhaus erlebte, kann man eigentlich gar nicht wiedergeben.

Endlich im Zimmer angekommen, wartete ich eine weitere gefühlte Ewigkeit auf einen Arzt, der mich endlich untersuchen würde. Und da stand er dann, mein Hoffnungsträger. Klein, schmächtig, schlecht rasiert und frisiert, und vor allem: wenig bis überhaupt nicht motiviert.

Aber man soll ja einen Menschen nicht nach seinem Äußeren beurteilen und einen Arzt, meines Erachtens, erst recht nicht. Denn Ärzte haben ja immer eine Menge zu tun, und wenn man tagtäglich Menschenleben rettet, ist das Rasieren und Frisieren auch nebensächlich.

Ich wurde kurz, sehr kurz, untersucht. Da ich nicht mit einem Beweisfoto belegen konnte, dass sich diese Delle an meinem Hintern erst vor Kurzem gebildet hatte, wurde sie ignoriert. Mein Gangbild, also meine Art zu gehen, war mittlerweile so seltsam, dass ich mich dabei fühlte, als würde ich mit zwei Holzbeinen laufen, aber auch das wurde mir ausgeredet.

Ich bestand dennoch auf eine gründliche Untersuchung, denn ich wollte den Weg nicht umsonst gemacht haben. Ich durfte also wieder eine Menge Blut lassen und sollte zur EMG-Untersuchung. Mir wurde der Weg dorthin erklärt und ich versuchte noch einzuwenden, dass meine Kräfte begrenzt seien und ich Angst hätte, den Weg nicht zu schaffen. Aber wenn ich diese Untersuchung wollte, musste ich dort hin, egal wie. Ich irrte also durch das Krankenhaus und fand schließlich den Raum. Und das war ein ganz schöner Weg. Vielleicht nicht für eine Krankenschwester, die jeden Tag mehrere Meilen läuft, aber für mich als Patientin mit einer Muskelschwäche schon. Ich wurde von einem älteren Herrn empfangen, der sich überhaupt erst einmal klar werden musste, was ich von ihm wollte. Als seine Gedanken sortiert waren, ging es los. Mir wurden, oder besser gesagt, sollten Elektroden auf die Haut geklebt werden. Diese klebten aber nicht mehr. Erst wurde noch versucht, sie mit Klebepflaster an ihrem Platz zu halten, aber das Pflaster war genauso begrenzt wie die Geduld des Arztes. Ich fragte vorsichtig nach, ob es nicht neue Elektroden gäbe, was vielleicht auch wegen der Hygiene ganz sinnvoll wäre. Die Teile sahen schon reichlich verbraucht aus. Gut, vielleicht habe ich mich auch etwas angestellt …

Da die Elektroden nicht mehr kleben wollten, das Klebepflaster aufgebraucht war und die Geduld des Arztes auch, hielt er sie eben mit den Fingern an den Stellen, an denen sie hätten kleben sollen. Die Untersuchung schienen alle glaubwürdig zu finden, ich allerdings zweifelte mittlerweile nicht mehr nur an dem Krankenhaus, sondern auch an seinem Inventar und dem Personal.

Die nächste Untersuchung war das NLG. Voller Erwartung saß ich auf dem Stuhl und wurde gleich von der netten Krankenschwester aufgeklärt, dass sie das ansonsten eher nicht macht. Na ja, ich war inzwischen Kummer und Leid gewohnt und der Ansicht, zusammen würden wir das schon schaffen. Irgendwie bekamen wir das auch ganz gut hin. Dann sollte mir eine Spule, so eine Art Tischtennisschläger, auf den Kopf gehalten werden. Damit bekäme ich einen Stromstoß verpasst und es würde gemessen, wie lange dieser Strom bis zu meinem Fuß braucht. Wow, ich wurde etwas unruhig, denn, mal ganz ehrlich, so wirklich fachlich überzeugt hatte sie mich nicht. Und Strom am Kopf war ja nicht ganz so lustig. Aber diese Untersuchung ist wirklich wichtig und schwuppdiwupp hörte ich es schon über mir klicken.

Gar nichts passiert. Toll, es war auch gar nichts zu merken. Es klickte wieder und wieder. Nach dem zehnten oder elften Klicken hörte es sich zwar schon etwas verzweifelt an und die Frau starrte auch ratlos auf den Bildschirm oder drehte nervös an irgendwelchen Knöpfen. Ich war jedoch froh, dass der Strom so unmerklich durch mich floss. Aber irgendwann war genug geklickt und die Frau fragte mich besorgt, weshalb ich denn im Krankenhaus sei. Ich schilderte ihr meine Symptome, und da war sie wirklich sehr betroffen, dass der Strom einfach nicht an meinem Fuß ankam.

Nun war auch ich besorgt. Ich hatte zwar absolut keine Ahnung, warum der Strom nicht ankam, aber ich konnte aus ihrem Gesicht ablesen, dass dies sehr schlimm sein musste. Gerade als ich mich entscheiden wollte, ob sich nun Panik oder eine absolute Leere in mir breitmachen sollte, betrat eine Kollegin von ihr den Raum. Ihr erklärte sie, dass überhaupt kein Strom an meinem Fuß angekommen sei, und ihre Stimme klang dabei wirklich sehr besorgt. Die Kollegin warf einen Blick auf mich, dann auf das Gerät und meinte trocken: »Das ist ja auch kein Wunder, du hast vergessen, den Stecker umzustecken, da kommt überhaupt kein Strom heraus.«

Sie griff beherzt nach dem Stecker, steckte ihn um und sagte: »So, und nun versuch es noch mal!« Ich war fassungslos! Wer war diese Frau, die mich da untersuchte? Der Strom, der daraufhin durch meinen Körper vom Kopf bis zum Fuß fuhr, weckte mich allerdings wieder ... »Ach, so fühlt sich das an.« Und schon konnte ich wieder in mein Zimmer.

Nach sechs Tagen folgte das Entlassungsgespräch. Der Arzt vom ersten Tag ließ sich wieder bei mir blicken und meinte, dass ich kerngesund sei. Wahrscheinlich etwas überarbeitet, genauer: überfordert mit meinem Leben. Er würde mir raten, an einem Projekt teilzunehmen, in dem ich lernen würde, mein Leben wieder neu aufzugreifen. Jeden Tag ein bisschen mehr. Mittlerweile waren bei mir täglich Heulkrämpfe üblich und so heulte ich auch bei dieser Gelegenheit los. Er fühlte sich dadurch nur bestätigt und riet mir, nun nach Hause zu gehen. Unter Weinen versuchte ich ihm zu erklären, dass ich doch nicht weinen würde, weil ich nicht totsterbenskrank sei, ich selbst wüsste nicht, warum ich immerzu weinen müsste, aber dass er wohl gerade von seinem Leben auf meines schließen würde. Ich sei nicht überfordert, ich wollte wieder arbeiten, wieder fit sein. Aber er glaubte mir kein einziges Wort. Ich war mit der Situation total überfordert. Ich wollte ihm eindrücklich klarmachen, dass bei mir etwas nicht stimmte, aber heulte, als wenn ich einen Nervenzusammenbruch hätte. Was war bloß los mit mir? Also ließ ich es erst mal darauf beruhen und packte meine Sachen, um mich von meinen Eltern abholen zu lassen.

Ich war enttäuscht und wütend, aber mit jedem Kilometer, den wir uns von diesem Krankenhaus entfernten, wurde mir klarer, dass ich mich nicht darüber ärgern sollte, denn wahrscheinlich ist mir dort das kleinste Leid widerfahren. Denn was ich dort an Zumutungen, Unfreundlichkeit und Ignoranz beobachtet habe, traf vor allem andere.

Ich war total frustriert und ging wieder zu meinem Hausarzt. Nun wollte ich eine Kur, um mein Problem herauszufinden. Es war mir egal, wieso mein Zustand so war, wie er war, er sollte nur besser werden. Mein Hausarzt, der mich und meine Familie mittlerweile sechs Jahre kannte, war entsetzt und versicherte mir, dass es nichts mit meiner Psyche zu tun hätte und dass sich Muskeln auch nicht aus psychischen Gründen so abbauen würden …

Durch den ganzen Stress und aufgrund der Sorgen um unsere Existenz war ich mittlerweile sicherlich psychisch angeschlagen. Aber diese furchtbaren Weinanfälle fand ich doch etwas mysteriös. Ich verknüpfte sie mit diesem zermürbenden letzten Aufenthalt im Krankenhaus.

Heute weiß ich, dass auch sie zu meinem Krankheitsbild gehören. Nach nur drei Wochen wurde aus dem »gar nicht krank« »unheilbar krank«. Das soll man erst einmal verstehen …

Ich verstand es nicht! Und ich kann es auch heute noch nicht begreifen. Dieses ganze Hin und Her macht es mir wahrscheinlich auch besonders schwer zu akzeptieren, dass ich diese Krankheit habe. Wie konnte man diese grausame Krankheit so lange übersehen? Bin ich denn auch wirklich krank? Habe ich tatsächlich ALS? Immer wieder frage ich mich das. Wie ignorant muss man sein, wie oberflächlich muss man jemanden betrachten, um nicht einen Anhaltspunkt zu finden, dass er wirklich krank ist, ich meine, körperlich krank. Ich will auf gar keinen Fall, dass jemand denkt, ich würde psychische Krankheiten nicht als Krankheiten betrachten. Aber auch wenn ich psychisch krank wäre, müsste man mir dann nicht helfen, anstatt mich einfach nach Hause zu schicken? Krank ist doch krank, oder etwa nicht? Wen wundert es da, dass sich psychisch kranke Menschen das Leben nehmen, wenn sie nicht ernst genommen werden und ihnen niemand auch nur ansatzweise hilft?

Ist es nicht traurig, was mit dem Torwart passiert ist? Dass er sich das Leben genommen hat? Ist es nicht furchtbar, dass er nicht wollte, dass die Öffentlichkeit von seinen Depressionen erfährt? Und keiner hat etwas gemerkt?! Es ist so traurig, dass nun eine Frau ihren Mann und ein Kind seinen Vater verloren hat, weil er Angst hatte, dass die Öffentlichkeit und die Fans mit seiner Krankheit nicht umgehen können, er dadurch seine Karriere aufs Spiel setzt.

Im Fernsehen hieß es dann, dass Depressionen ein Tabuthema sind … Was ist eigentlich noch alles ein Tabuthema? Ich finde, es gibt zu viele Tabuthemen!

Ja, ich weiß, alle sagen immer, ich solle mir keine Vorwürfe machen – ich könne doch nichts dafür, dass ich krank geworden bin, aber: Erstens, wer kann das beurteilen, dass ich keine Schuld habe? Wir wissen doch noch nicht mal, woher ALS kommt, wie es entsteht. Und: Zweitens, auch wenn ich nichts dafür kann, so ist es doch mein Körper, der krank ist, und meine Angehörigen sind davon mitbetroffen!

Ich fühle mich vor allem meinen Kindern gegenüber schuldig. Es tut mir so sehr leid, was sie ertragen müssen. Ich wünschte, ich könnte es besser beschreiben, aber mir fehlen die Worte dafür. Vielleicht habe ich auch eine Art Blockade und die Wörter werden schon in meinem Vorbewuss-

ten zensiert, da ich es gar nicht ertragen könnte, sie hier zu lesen. Ich wünschte, meinen Kindern wäre diese Erfahrung erspart geblieben.

Meine Familie sagt zwar immer, ich solle mir keine Vorwürfe machen, ich könne doch nichts dafür. Aber so sind wir Mütter eben. Ich fühle mich schuldig. Schuldig dafür, dass sie auf so vieles verzichten müssen. Dass sie meine voranschreitende Krankheit mitansehen müssen. Dass sie damit belastet sind. Ihr Leben nicht einfach auf sie zukommt. Sie so viel schneller versuchen müssen, etwas zu verstehen, was nicht mal ich verstehen kann. So früh hinnehmen müssen, dass ihre Mama nicht für immer bei ihnen bleibt. Denn ich meine, die Mama ist doch die Mama, kann man sich überhaupt ein Leben ohne sie vorstellen?

Ich habe echt so die Schnauze voll! Was vermisse ich meine Probleme von früher! Was war das für eine Katastrophe, nicht das richtige Outfit zu finden! Ich hatte immer das Gefühl, nicht genug Zeit für mich zu haben, nichts in meinem Leben erreicht zu haben – was für ein Blödsinn! Wie viele Probleme hatte ich eigentlich, die gar keine waren? Die man so einfach hätte lösen können, meist stand man sich nur selbst im Weg. Manchmal bin ich kurz davor, der Krankheit etwas Positives abzugewinnen, nämlich die Erkenntnis, wie sinnlos viele Dinge im Leben sind und dass ich nun weiß, was wirklich wichtig für mich ist.

Ich will das aber nicht zulassen, falls ich noch eine Chance bekäme, würde ich sicherlich sagen, dass diese Krankheit etwas Positives für mich hatte, aber so? Wo ist der Sinn? Soll ich den Kindern mit auf den Weg geben, was alles unnötig ist im Leben? Sie damit unter Druck setzen? Würden sie das überhaupt akzeptieren? Werden ihr Leben und ihr Glaube (an was auch immer) nicht sowieso infrage gestellt, wenn sie mich verlieren?

Ich fühle mich schuldig, weil mein Mann nun ein Hausmann ist, mich pflegt und kaum mehr Zeit für sich hat. Es tut mir leid, wenn er sich nicht wohlfühlt, müde ist und dennoch alles macht, mich obendrein bedient, während ich »faul« im Bett liege. Ich fühle mich schuldig, weil ich verlange, dass er mich versteht und für mich da ist, obwohl er kaum Zeit hat, sich selbst zu fragen, wie es ihm eigentlich geht.

Ich fühle mich schuldig, weil auch meine Eltern auf so vieles verzichten müssen. Anstatt ihre Rente zu genießen, kümmern sie sich nun um mich. Ich fühle mich schuldig, weil ich mich doch um sie kümmern sollte, wenn sie das entsprechende Alter erreicht haben.

Manchmal fühle ich mich sogar schuldig, wenn andere sich über mich ärgern, weil ich im Rolli sitze.

Unbekannte

Brief an die Unbekannte
Du bist mir heute aufgefallen.
Deine Kleidung ist eher unscheinbar, aber dein Gang gehetzt. Die Hände in den Manteltaschen vergraben, scheinen sich doch die Knöchel deiner Faust unter dem Stoff abzuzeichnen. Die Schultern sind hochgezogen und der Kopf geneigt.
Ich überlege: Wie hat dein Tag wohl begonnen? Deine Haare sind gepflegt, sicherlich hast du sie heute Morgen gewissenhaft frisiert. Wie du immer morgens zur Bürste greifst und damit durch deine Haare streichst. Dann hast du das Haargummi genommen, um deine Haare damit straff zusammenzuhalten. Der Tag hat Spuren hinterlassen. Die eine Welle im Haar verrät, dass du es wieder geschlossen getragen hast. Vielleicht hast du versucht, dich von irgendetwas zu befreien, aber es ist dir nicht gelungen. Nur deine Haare wehen jetzt im Wind.
Gekonnt gehst du den Menschen aus dem Weg, die dir entgegenkommen. Es wirkt einstudiert. Du hebst nicht den Kopf, schaust niemandem in die Augen. Unweigerlich frage ich mich, was ich wohl erfahren könnte, würde ich dir in die Augen sehen. Oder hast du gar Angst, in den Gesichtern der Menschen etwas zu erkennen?
Deine Kleidung ist braun und grau, das rote Halstuch steckt in deiner Handtasche, nur ein kleines Ende schaut heraus. Wahrscheinlich hast du es nicht einmal

bemerkt, geschweige denn es mit Absicht so arrangiert. Aber dennoch scheint es, als sollte dies ein Zeichen sein. Sollte vielleicht heißen: Hilf mir, befreie mich aus diesem Leben. Oder sollte es ein Wimpel sein, einer, den man an seine Fracht hängt, um zu signalisieren, dass Abstand nötig ist? Wäre es ein weißes Halstuch, hätte ich die Botschaft verstanden.
Deine Tasche rutscht von der Schulter und du musst die Faust aus dem Mantel ziehen, um die Henkel wieder an ihren Platz zu bringen. Dabei siehst du dich um, als hätte vielleicht jemand versucht, dir die Tasche zu entwenden. Nein, denke ich, sie ist ganz allein von deiner Schulter gerutscht. Die Gefahr, dass deine Tasche ins Rutschen geraten könnte, riskierst du kein zweites Mal, und so hältst du die Henkel nun fest umklammert, während sie auf deiner Schulter ruhen.
Du verharrst einen Moment, bevor du weitergehst. Vielleicht um Kraft zu schöpfen oder Mut. Ich frage mich, ob dies wirklich der Weg ist, den du gehen möchtest. Vielleicht aber versuchst du auch, etwas hinter dir zu lassen.
Jetzt erst bemerke ich deine Schuhe. Es scheint dir wichtig zu sein, bequeme Schuhe zu tragen. Vielleicht versuchst du damit, dir die unangenehmen Wege etwas komfortabler zu gestalten. Dein Gang ist federnd und stumpf. Dein schwacher Körper kann dem Aufprall deiner Füße nur wenig entgegensetzen. Er zittert nach bei jedem Schritt. Die Erschütterung fährt durch die Knöchel hinauf in die Knie und weiter in die Hüften, um von dort über deine gebeugte Wirbelsäule den Kopf zu erreichen. Ich könnte schwören, man würde deine Zähne aufeinanderschlagen hören, würdest du

sie nicht so verbissen zusammenpressen. Nur deine Wangen beben leicht.
Langsam verlässt du mein Blickfeld. Nach kurzer Zeit sehe ich dich nur noch von hinten und dann drohst du, in dem Menschenschwarm zu verschwinden.
Urplötzlich überkommt mich Wehmut.
Ich spüre in mich hinein und erkenne, dass ich noch gar nicht Abschied von meinem alten Leben genommen habe. Dass ich mich nicht mehr erinnern kann, wie es ist, eine Straße kraftvoll entlangzugehen. Es will mir einfach nicht mehr einfallen, wie es sich anfühlt, etwas ganz fest zu greifen, sodass es einem nicht entgleiten kann. Und es überkommt mich, dass ich dir nachrufen will: »Hey, Unbekannte, genieß jeden Schritt, den du tust, halte alles fest, was du noch greifen kannst, jedoch nur das, was wirklich wichtig ist, und vor allem, genieße es, dir deine Haare zu frisieren«, aber selbst dafür ist meine Stimme schon zu schwach.
Also bleibe ich hier in diesem Rollstuhl sitzen und beschäftige mich mit meinen Gedanken und hoffe, mich erinnern zu können.
Sabine

Juli 2011

Manchmal, in einigen wenigen Situationen, ist die Krankheit ganz weit weg. Leider viel zu selten. Ansonsten versuche ich, gut damit zurechtzukommen, mich irgendwie zu arrangieren.
Meine Krankheit ist wie eine verhasste Schwiegermutter. Ständig werde ich ermahnt, beschränkt und bevormundet. Sie nervt mich, aber sie ist nun mal da. Sobald man geboren ist, besteht die Möglichkeit, krank zu werden, und wenn man sich verliebt, besteht die Möglichkeit, eine Schwiegermutter

zu bekommen, der man einfach gar nichts recht machen kann. Das ist zumindest in meiner Ehe nicht so. Betty ist eine wunderbare Frau. Immer positiv und sehr, sehr lieb. Aber in meinem Leben hatte ich ansonsten nicht so viel Glück.

Nun habe ich also eine Schwiegermutter mit Namen ALS am Hintern. Ich wollte mich wirklich arrangieren, mit ihr zurechtkommen, aber es ist ganz und gar unmöglich. Wir sind so gegensätzlich, wie es das wohl kaum vorher gab. ALS macht es, dass ich mich streckenweise verloren habe.

Ich saß da also vor dem Spiegel, habe mich betrachtet und mir zugleich diese Frage gestellt. Es hat sich so viel an mir und in mir verändert. Und es ist, als wäre es erst gestern gewesen, dass ich im Bad stand und mir meine Augenbrauen zupfte, mich schminkte und meine langen Haare frisierte, um gleich zur Arbeit zu gehen. Jetzt sitzt da auf einmal ein völlig anderer Mensch und guckt mich an.

Dieser Mensch wiegt etwa 68 Kilo (ich habe mittlerweile 12 bis 14 Kilo zugenommen), der Ansatz der Haare ist nicht gefärbt, die Augenbrauen sind nicht gezupft, die Haare sind kurz und sitzen nicht annähernd so, wie ich es gerne hätte. Dankbar für jede Bewegung, die nicht unbedingt nötig ist, aus Angst, ein Krampf könnte mal wieder unverhofft Schmerzen bringen. Und früher? Immer in Action, immer neue Ideen, immer im Stress. Meine Gedanken funktionieren noch und ich habe auch immer noch viele Ideen, was man, ich, du, wir, machen könnten, aber keine Kraft mehr.

Ist doch irre …

Ich glaube, ich existiere mehrfach, einmal jetzt und einmal in meinen Gedanken.

Wo ist sie hin, diese lebenslustige Frau mit Power und Charme, die so gut aussah? Sie ist mir einfach verloren gegangen. Vor lauter Problemen und Ängsten hatte ich nicht mehr die Kraft, auf sie aufzupassen. Es schmerzt mich zu sehen, was aus mir geworden ist. Viele sagen, ich sähe immer noch super aus, und dass meine Augen leuchten würden und voller Glitzer seien. Aber tief in mir ist dieses Glitzern doch eher schwach. Ich fühle mich nicht wohl in diesem trägen Körper, dem es große Mühen abverlangt, sich zu bewegen.

Ich brauche oft mehrere Stunden, um mich seelisch darauf vorzubereiten, dass ich duschen will. Nicht, weil ich neuerdings meine Körperpflege vernachlässige, nein, sondern weil es mich so sehr anstrengt. Ich kann es meist selber kaum glauben. Wie leicht mal alles war. Duschen, schminken, Haare zurechtmachen, anziehen. Und nun ist es ein Kraftakt, der quasi den Tag ausfüllt. Da wird so ein Beautytag dann schon mal zu Beautytagen, allerdings nicht mit dem Ergebnis, dass man sich danach besonders sexy fühlt, sondern eher, dass man danach total erschöpft ist. Ich vermisse es, mich für meinen Mann schön zu machen. Meine Haare bringen mich oftmals an den Rand des Wahnsinns, obwohl ich sie wegen des hart erkämpften Stirnbandes, das meinen Kopf oben hält, eigentlich ohnehin nicht frisieren müsste. Mein Körper, der zu viel Masse hat, sitzt schwerfällig im Rollstuhl oder liegt träge im Bett. Nicht besonders sexy. Und auch wenn mein Mann beteuert, dass er mich immer noch sehr hübsch und sexy findet, kann ich es kaum glauben. Wie muss er sich fühlen, der vor fast acht Jahren eine schlanke, attraktive und mit Energie geladene Frau geheiratet hat?

Ja, ich weiß schon, es kommt nicht nur auf das Äußere an. Aber wisst ihr eigentlich, wie anstrengend es ist, seine inneren Werte zur Schau zu stellen? Für mich ist es auf jeden Fall extrem mühsamer, als früher einfach mal gut auszuschauen. Und wer sieht denn schon meine inneren Werte? Die meisten

Menschen sehen eine Frau im Rollstuhl. Was hat die schon zu bieten?

In den meisten Situationen kommt man doch gar nicht erst dazu, mit seinen inneren Werten zu glänzen. Und ja, ich brauche Anerkennung! Soll ich mich jetzt schämen, weil ich das offen zugebe? Auch ich möchte im Café von einem gut aussehenden Mann angelächelt werden. Zwar tun das einige immer noch, aber doch auf eine ganz andere Weise, es ist eher ein mitleidiges Lächeln, das mich oft schockiert. Und dann wird mir bewusst: Ich bin eine mitleiderregende Kreatur im Rollstuhl. Meine mir schöngeredete Welt gerät ins Wanken. Es macht mich so wütend. Nicht genug, dass ich im Rollstuhl sitze und mit diesem Körper und dieser Krankheit zurechtkommen muss, ich muss mich auch noch mit solchen miesen Gedanken auseinandersetzen.

Manchmal sind sie wie ein riesiger Eiterpickel. Der tagelang wehtut und pulsiert. Riesengroß und wächst trotzdem noch. Mit jedem Mal, wenn mir klar wird, dass so wenig von mir übrig geblieben ist. Und dann ist der Moment da, an dem er aufplatzt. Und ich bin so wütend und ungerecht und ganz und gar nicht mehr dazu bereit, so, wie es ist, weiterzumachen. Am liebsten möchte ich dann alles und jeden zum Teufel jagen. ALS, mich, meinen Mann, einfach dieses ganze beschissene Leben. Und wer bekommt das ab? Na klar, mein Mann! Und obwohl ich mich ja immer so kraftlos und antriebslos fühle, werde ich in solchen Momenten zur Dampflok. Ich weiß selber nicht genau, was dann in mir vorgeht. Ich bin unheimlich wütend und enttäuscht. Aber wenn ich darüber nachdenke, was ich wohl gerade das erste Mal wirklich tue, indem ich darüber schreibe, muss ich zugeben, dass ich einfach nur Angst habe. Dieses Gefühl, abhängig zu sein, Pflege zu brauchen und rein gar nichts mehr alleine machen zu können, macht mich wahnsinnig. Davor habe ich natürlich keine Angst, es kotzt mich nur an. Aber was, wenn mein Mann mich verlässt? Wenn er auf einmal denkt: Moment mal, was mache ich hier eigentlich? Ich wollte in meinem Leben noch was ganz anderes erreichen, als meiner Frau den Arsch abzuwischen!

Was mache ich dann? Mit der Gewissheit, dass ich allein völlig aufgeschmissen bin. Und nicht mal ansatzweise ein Druckmittel habe. Außer eventuell Mitleid. Aber wer will denn schon, dass sein Partner aus Mitleid bei ihm bleibt? Ich auf jeden Fall nicht. So viel, wie mir die Krankheit auch schon geraubt hat, den Glauben an die große Liebe konnte sie mir noch nicht nehmen.

Dennoch fühle ich mich schlecht bei dem Gedanken, dass ich einer hübschen, gesunden Frau im passenden Alter kaum etwas entgegenzusetzen hätte. Wenn mein Mann heute gehen würde, könnte ich ihm nicht mal hinterherlaufen. Keine große Szene machen. Es ist wohl diese Angst und das abartige Gefühl, ausgeliefert zu sein.

Oh, wie ich diese Krankheit hasse. Und die ganzen Ängste, die sie im Schlepptau hat.

Glücklicherweise ist es ganz und gar nicht so, dass mein Mann mir das Gefühl gibt, er hätte lieber ein anderes Leben. Manchmal versuchen wir es uns sogar richtig gemütlich zu machen. Wie in alten Zeiten. Dann rutscht er rüber auf meine Bettseite, auf diesen umwerfenden Pflegebetteinsatz mit Weichlagerungsmatratze und Gummiüberzug, und wir versuchen einfach mal, Mann und Frau zu sein.

Zweisamkeit, ähm pardon, Dreisamkeit zu genießen. Denn haste ALS, biste nie wirklich allein. Und mit dem Spanner ALS ist Sex keine leichte Sache. Ich meine, ein Dreier kam für mich noch nie in Betracht, und mit Zuschauern habe ich es auch nicht so. ALS setzt sich aber auch nicht einfach auf einen Stuhl oder dreht sich um und tut so, als ob sie schon schläft. Nein, sie versucht wirklich, dir den ganzen Spaß zu vermiesen. Zum Glück sind wir zwei erwachsene und aufgeklärte Menschen, die nicht allzu prüde sind. Und so gelingt es uns doch manchmal, einen Kompromiss zu finden.

Und da wären sie dann, die nächsten Zweifel in meinem Leben. Genüge ich meinem Mann eigentlich? Aber was, wenn es gar nicht heißt, genüge ich meinem Mann eigentlich, sondern sind wir (ALS und ich) ihm nicht zu viele?

Mittlerweile habe ich mir in unserer Beziehung den Beinamen »The Brain« gegeben. Ich denke und er handelt im erweiterten Sinne. Ich denke an Termine, an dies und das, erinnere, ermahne, plane und organisiere. Erstens, weil ich genug Zeit habe, und zweitens, weil ich ja körperlich meist nicht viel beitragen kann. So ist es doch gut, eine Aufgabe zu haben. Und drittens, weil ich eben eine Frau bin und mir das Denken, Erinnern, Ermahnen und Planen sowieso mehr liegt.

Aber – und das ist der Nachteil daran – du kannst nicht aufhören zu denken und dir alles schon vorher in allen möglichen Varianten auszumalen. Und so überrascht es mich oftmals, wenn mein Mann nicht die von mir erwartete, x-mal durchdachte Antwort gibt oder entsprechend handelt. Na ja, wohl eher ein Problem, das viele Frauen kennen. Und bestimmt öfters mal der Zündstoff für einen richtig schönen handfesten Streit.

»Das war ja klar!«, »Hätte ich das gewusst, hätte ich es lieber selber gemacht!«, »Kannst du nicht ein einziges Mal mitdenken/auch daran denken/selber denken?« Was wäre unser Leben ohne diese Sprüche, die mal vorwurfsvoll, mal anklagend oder auch enttäuscht bis verzweifelt vorgebracht werden? Um dann zu beweisen, wie leicht etwas ist, wie einfach es ist, die »gute« Butter zu kaufen, die nämlich überhaupt nicht ausverkauft ist. Und wenn man noch so wütend ist, sitzt man doch dann mit einer gewissen Genugtuung im Auto, auf dem Weg nach Hause, mit der richtigen Butter auf dem Beifahrersitz. Und während man kopfschüttelnd und immer noch sauer gelegentlich zur Butter schaut, ist es so, als wäre sie weiblich und würde einem anerkennend zuzwinkern.

Natürlich könnte man oder eher Frau das jetzt auf sich beruhen lassen, aber das wäre doch wirklich nicht unsere Natur, und so schließen wir theatralisch die Haustür auf und lassen sie geräuschvoll wieder ins Schloss fallen, um laut zu verkünden, dass unser Kriegszug zwar erfolgreich war, aber noch lange nicht beendet ist. Wie es weitergeht, wisst ihr bestimmt alle.

Und was ist nun mit mir? Keine theatralischen Gesten, keine aufgeplusterte Brust und kein bestätigendes Zuzwinkern. Nur der Versuch, möglichst ruhig zu bleiben, trotz Verärgerung und dem sicheren Wissen, dass es die Butter gab. Ein kleiner Engel sitzt dann auf meiner Schulter und flüstert mir zu: »Sei doch froh, dass du überhaupt Butter hast. Er hat sich doch bemüht und es bestimmt nicht mit Absicht gemacht.« Jedoch sitzt auf der anderen Schulter ein wahrer Teufel mit Namen ALS, der mir ins Ohr flüstert: »Siehste, dat wird nix mit dir und ihm und mir. Dat klappt nich'. Ich hab das hier in der Hand. Streitet euch jetzt ruhig, du ziehst eh den Kürzeren, und wenn du Pech hast, hat er endlich die Schnauze voll und verschwindet.«

Daher traue ich mich kaum, mich zu beklagen und zu jammern. Zu groß ist die Angst, dass mein Mann irgendwann mal theatralisch für immer die Tür hinter sich ins Schloss fallen lässt.

Gerade gestern habe ich wieder den Spruch gehört:
»Seine Familie kann man sich nicht aussuchen!«

Und nun kommt es mir so vor, als wenn es gar nicht meine Schwiegermutter ist, sondern seine. Und so ergänze ich mal den Satz mit: »Seine Krankheit aber auch nicht!«

Letzten Endes habe ich diese Krankheit ja mit in die Familie gebracht.

Umso dankbarer bin ich natürlich, dass ich eine tolle Familie habe. Einen wunderbaren Mann, der sich die größte Mühe gibt, mir gerecht zu werden, tolle Eltern und Schwiegereltern und drei wirklich fantastische Kinder.

Sie geben mir die Kraft, weiterzumachen, und niemals aufzugeben, sondern das Positive in meinem Leben zu sehen und die Möglichkeit, es zu erleben.

Wie viel schlimmer wäre es, diese Krankheit zu haben und allein zu sein. Verlassen zu werden. Keine Unterstützung zu erfahren.

Ich habe mich ziemlich schnell von einem Terrier mit Jagdtrieb und Sturkopf zu einem gefallsüchtigen Bernhardiner entwickelt. Eine nicht ganz unwichtige Metamorphose. Bestimmt ist so ein kleiner niedlicher, springender, immer hinter den Ball herjagender Terrier sehr süß anzuschauen. Und ich tendiere auch eher zu diesen quirligen, wilden, kleinen Hunden. Aber auf Dauer ist sicherlich so ein gemütlicher und ruhiger Bernhardiner, der nicht ständig mit seinen Matschpfoten an dir hochspringt, angenehmer.

Ich will damit sagen, dass ich mich wirklich bemühe, es meinen Angehörigen so leicht wie möglich zu machen. Denn ich weiß, wie schwer es auch für sie ist, und ich muss deshalb die Situation nicht mit unnötigem Meckern, Nörgeln und Unzufriedenheit noch zusätzlich belasten. Es gelingt mir nicht immer, aber ich bemühe mich sehr darum.

Denn ehrlich, ich denke, es gibt viele Menschen, die gepflegt werden und die es ihren Angehörigen nicht leicht machen. Bestimmt nicht mit Absicht, aber ich finde, man sollte sich darüber im Klaren sein, dass sich die Angehörigen ihr Leben auch anders vorgestellt haben und dieses ganze Elend ja hilflos mitansehen und miterleben müssen. Natürlich gebe ich nicht meine ganzen Bedürfnisse auf, aber ich versuche, alles im Rahmen zu halten. Natürlich habe ich gelegentlich auch schlechte Laune, aber ich bemühe mich dann, nicht meine Angehörigen für meine Situation verantwortlich zu machen. Natürlich finde ich manchmal einfach alles ungerecht und zum Schreien und Kotzen und bin todunglücklich, und das sage ich dann auch und weine und bin am Boden zerstört. Und werde dann glücklicherweise von meiner Familie aufgefangen und getröstet.

Und sie ertragen es, wenn ich mich dann doch mal beschwere, dass sie mich nicht genug wahrnehmen, nicht genügend unterstützen, nicht genug da sind für mich und so weiter … Auch wenn ich dann ungerecht bin, auch wenn ich in solchen Momenten gar nicht sehe, dass das, was ich behaupte, nicht zutrifft, halten sie zu mir.

Oh ja, ich kann auch manchmal so richtig fies und gemein sein. Dann möchte ich meinen Mann am liebsten vergraulen, damit er nicht sieht, wie ich vor die Hunde gehe. Und damit ich nicht sehe, wie er sich den Arsch für mich aufreißt. Damit mir nicht bewusst wird, was von mir als Ehefrau noch übrig geblieben ist. Vor lauter Angst, irgendwann alleine zu sein, möchte ich in solchen Momenten alles am besten jetzt und sofort beenden. Lieber ein Ende mit Schrecken als ein Schrecken ohne Ende. Es wäre gelogen, wenn ich schreiben würde, ich würde es für ihn tun, damit er ein erfülltes Leben mit einer gesunden Frau führen kann, also aus rein selbstlosen Beweggründen. Obwohl ich das natürlich sehr gern so schreiben würde, schon allein, weil es sich gut machen würde.

Eigentlich will ich selbst mein Elend nicht sehen, aber weglaufen geht ja schon aus körperlichen Gründen nicht. Und ich will natürlich auch nicht, dass mir jemand in meinem Elend zusieht. Viel lieber würde ich den Wissenschaftlern Vorwürfe machen, warum sie noch immer kein Heilmittel gefunden haben, und den Politikern und der Gesellschaft, warum ich als behinderter Mensch oft genug wie der letzte Dreck behandelt werde. Warum ich ständig durch irgendein Raster falle, warum ich um alles kämpfen muss und so meine wertvolle, begrenzte Zeit mit unnötig kraftraubenden Dingen verschwenden muss.

Ich würde manchmal ganz gern, angesichts meiner aussichtslosen Situation, aufgeben. Mich wie ein sterbender Elefant auf den Elefantenfriedhof begeben und dort hinlegen. Ja, manchmal ist mir einfach danach. Aber meine Familie hindert mich daran. Ich kann meinen Kindern nicht vorleben, einfach aufzugeben, nicht auf Heilung zu hoffen. Und das ist auch gut so.

Trotzdem habe ich mich schon bei dem Gedanken ertappt, dass es doch irgendwie gar nicht meine Entscheidung wäre, wenn mein Mann nicht mehr mit meinen Vorwürfen und Launen zurechtkäme und ich daraufhin in ein Pflegeheim müsste. Dann wäre es doch seine Schuld! Er konnte doch dann nicht sehen, was ich brauchte, was ich wollte. Nein, nein, deshalb wäre der Elefantenfriedhof schon die bessere Lösung.

Zum Glück läuft das aber im Alltag nicht so. Denn ich bin mir der Verantwortung, Mutter zu sein, sehr wohl bewusst, und niemals wird ALS stärker sein als meine Mutterliebe. Auch wenn ich ihr vielleicht einen Sieg einräumen muss, so habe ich doch bis zuletzt gekämpft und war trotz allem für meine Familie und meine Freunde da.

Vor einiger Zeit hat sich bei Facebook eine für mich unglaubliche Situation abgespielt. Teile des Verlaufs habe ich noch und möchte ihn nutzen, um zu zeigen, wie manche, zum Glück wohl sehr, sehr wenige Menschen denken.

A.: gepostet an Sabine Niese

Hallo liebe Sabine! Ich wünsche dir einen schönen Sonntag! Trotz deiner Krankheit beneide ich dich, denn du hast etwas, das mir sehr fehlt: Eine Familie, die dich liebt, so, wie du bist! Ich bin leider immer allein, habe seit 2005 niemanden, der mich mal drückt und in den Arm nimmt, das macht mich krank, ich leide sehr darunter! :-(Weißt du eigentlich wie gut du es hast?

vor 23 Stunden · Gefällt mir · Freundschaft anzeigen

P.: Da fällt mir nix mehr ein – sprachlos bin ich.

vor 10 Stunden · Gefällt mir · 1 Person

V.: Tja, man sollte jede Krankheit ernst nehmen!

vor 4 Stunden · Gefällt mir

A.: Hallo P.! Du weißt wohl nicht, wie es ist, seit vielen Jahren sozial isoliert zu sein, ohne Freunde und Bekannte! Ich bekomme niemals Besuch! Ich kann mich 'ne Stunde in 'ne Kneipe setzen, ohne dass ich von den anderen Gästen beachtet werde …

vor 4 Stunden · Gefällt mir

P.: Doch, das weiß ich wohl. Denn seitdem ich krank bin, hab ich auch keine Freunde mehr – wer will mit einem im Rollstuhl schon feiern gehen?

vor 3 Stunden · Gefällt mir · 1 Person

A.: Das wusste ich nicht, das tut mir leid. Ich hatte Sabines Bericht letztens im TV gesehen und war beeindruckt, wie viel Liebe sie von ihrer Familie erhält! Das hilft sehr, eine Krankheit besser zu ertragen …
vor 3 Stunden · Gefällt mir

H.A.: Es ist traurig, wenn du allein bist und dich nicht geliebt fühlst – denn jeder hat(te) mal eine Familie, Freunde, Kollegen, Nachbarn ….
vor etwa einer Stunde · Gefällt mir · 1 Person

H.: Kannst du dir aber vorstellen, wie es ist, wahnsinnig geliebt zu werden und dem Partner sagen zu müssen: Ich habe eine tödliche Krankheit, werde euch in 1, 2, 3 vielleicht auch 4 Jahren verlassen müssen, nur weil es gegen diese Scheißkrankheit noch nichts gibt!
vor etwa einer Stunde · Gefällt mir · 1 Person

A.: Was soll ich dazu jetzt sagen? Ich wurde noch nie wahnsinnig geliebt, und Sabine hat das Glück, wahnsinnig geliebt zu werden, egal, wie viel Zeit ihr noch bleibt! Andere haben das Glück leider nicht, andere leben leider schon jahrelang wie lebendig begraben, weil sie eine Scheißkrankheit haben, die sie isoliert. Deshalb mein Beitrag hier! Einen schönen Tag noch!
vor etwa einer Stunde · Gefällt mir

S.: Kommt mir sehr bekannt vor. Mir wurde 1984 auch gesagt, ich hätte nur noch 6 Jahre zu leben. In 4 Wochen werde ich 41 …
vor etwa einer Stunde · Gefällt mir

H.: Bin ein bisschen sprachlos, ich kenne dein Leben, deine Krankheit nicht. Vielleicht würdest du dich im Betreuten Wohnen wohlfühlen, wo sicher auch alle ihr Bestes geben.
vor etwa einer Stunde · Gefällt mir

S.: Er sollte mal an seiner Einstellung dem Leben gegenüber etwas ändern. Finde es sehr schade, dass er sich so hängen lässt.
vor 56 Minuten · Gefällt mir

A.: Glaube, ich muss gleich mal ein paar Leute blocken, danke! :(Ja, ich kann laufen, aber was habe ich davon, in Kombination mit meinen anderen Krankheiten?? Gar nichts! Vielen Dank auch! Langsam rege ich mich auf! Ja, man sieht mir die Krankheiten nicht an! Trotzdem geht es Sabine und S. besser als mir!
vor 50 Minuten · Gefällt mir

A.: Guckt mal bei Wikipedia nach Borderline, Depressionen, Sozialphobie, Persönlichkeitsstörung und Diabetes! Scheiße, dass ich alles gleichzeitig habe! Noch ein dummer Spruch, und ich blocke … euch alle! Schönen Dank auch!
vor 46 Minuten · Gefällt mir

H.: Woher willst du das wissen, dass es anderen besser geht? Von einem TV-Beitrag? Kleine Aufgabe für dich: Setz dich bitte mal auf die Couch, die Arme nach unten hängen lassen. Wenn du dich bewegen willst, ruf jemanden, der dir hilft, dir die Beine hochlegt …
Mehr anzeigen
vor 42 Minuten · Gefällt mir · 1 Person

H.: Mit Blocken ändert man auch keine Meinung ...
vor 42 Minuten · Gefällt mir

M.: Jetzt muss ich mich doch noch einmischen! A., es ist wirklich traurig, dass du mit so viel Leid zu tun hast. Aber wenn du dich grade aufregst, dann geh in den Keller und tritt gegen Kisten, die da vielleicht rumstehen. Hier kann niemand was dafür.
vor 39 Minuten · Gefällt mir · 2 Personen

Sabine: Lieber A., ich kann verstehen, dass du dich schlecht fühlst, aber ich glaube, dein Problem ist nicht Zucker oder irgendeine andere Krankheit. Dein Problem ist, dass du nicht sehen kannst, was du noch hast an und in deinem Leben ...
vor 39 Minuten · Gefällt mir · 4 Personen

M.: @sabine, es tut mir echt leid, dass solche Diskussionen auf deiner Pinnwand ausgetragen werden, aber ich musste diesen Post von A. kommentieren, sonst hätte es mich zerrissen. Werde vielleicht auch noch in den Keller gehen :-)
vor 38 Minuten · Gefällt mir

Sabine: Das braucht dir nicht leidtun. Ach ja, und ruhe dich ruhig erst mal aus. Lieber ist es mir, wir haben dann doppelt so viel Spaß ... Ich »lauf« ja nicht weg ;-)
vor 35 Minuten · Gefällt mir

Sabine: @A. Ich habe gerade gesehen, du hast über 500 Freunde ... Respekt, das habe ich ja nicht mal mit einem TV-Auftritt geschafft ;-)
vor 34 Minuten · Gefällt mir

M.: Bist ein Schatz :-)
vor 33 Minuten · Gefällt mir

Sabine: Eins noch: Ich weiß, wie gut ich es habe, und ich bin jede Sekunde, jede Minute, jeden Tag, jeden Monat und mit jeder Faser meines Körpers dankbar und glücklich. Aber weißt du, ich versuche es auch auf meine Art, dass die Menschen gerne mit mir zusammen sind. Ich gehe auf Menschen zu und lerne gerne neue Leute kennen. Ich versuche trotz allem, für meine Familie und meine Freunde da zu sein, und sehe nicht nur mein Leid. Man muss das Gute in seinem Leben auch sehen (wollen) und es zulassen!
vor 25 Minuten · Gefällt mir · 2 Personen

A.: Hallo Sabine! Genau das sage ich ja die ganze Zeit, dass du es besser hast! Ich habe Borderline, informier dich mal darüber bitte. Mein Verhalten ist doch gerade deshalb so, eine Persönlichkeitsstörung! Außerdem habe ich Depressionen und Diabetes.
vor 19 Minuten · Gefällt mir

B.: Lieber A., nur mal so zum Nachdenken, deine Krankheiten sind allesamt sehr gut behandelbar und beherrschbar. Erzähl mir nix anderes, ich arbeite in diesem Bereich und habe Freunde, die an Borderline und Depressionen leiden. Sabine dagegen …
vor 16 Minuten · Gefällt mir · 1 Person

B.: Sabine, es tut mir in der Seele weh, dass du dich hier mit so was rumschlagen musst. Ich habe, wie gesagt, Borderliner im Bekanntenkreis, und wenn die nicht im Mittelpunkt ste-

hen und bewundert werden, kann man sich auf was gefasst machen …
vor 12 Minuten · Gefällt mir · 1 Person

A.: Danke B.! Ich hab in den letzten 10 Jahren schon alles durch, paarmal auf der Geschlossenen gewesen, viele stationäre Therapien, medizinische Reha, nichts hat geholfen! Glaubst du, man wird mit 35 soo leicht Rentner? Sabine hat es wenigstens bald hinter sich.
vor 10 Minuten · Gefällt mir

Sabine: A., verbring doch mal ein paar Tage mit mir als Therapie … Vielleicht siehst du dann, wie schön dein Leben sein kann und du bist dankbar …
vor 9 Minuten · Gefällt mir · 2 Personen

A.: B., es tut mir auch weh, dass ich mich hier so rumschlagen muss!
vor 7 Minuten · Gefällt mir

M.: Wirst du für solche Äußerungen bezahlt? Wollte dir grad Mut machen, A., aber mit deinem letzten Satz haste mich erschreckt und ich kann nur sagen: Pfui!
vor 6 Minuten · Gefällt mir

A.: Danke schön, Sabine, das hört sich gut an! Wünsche dir einen schönen Tag! Schade, dass mich niemand versteht! Nur weil man es mir nicht ansieht.
vor 6 Minuten · Gefällt mir

Sabine: A., lass es sein, es wird nicht besser … Deine Erwartungen, die du hast, werden nicht erfüllt. Zu hohe Erwartun-

gen = Enttäuschung ... Wenn du das hier schon als rumschlagen bezeichnest, dann komm erst mal im richtigen Leben an ...
vor 5 Minuten · Gefällt mir

B.: Das hier ist Sabines Pinnwand, hier geht es um Sabine und ALS. Nicht um dich, A., nicht um Depressionen und nicht um Borderline. Und die Aussage »Sabine hat es wenigstens bald hinter sich« ist eine bodenlose Frechheit und Respektlosigkeit!! Du willst vielleicht sterben, Sabine will es nicht. Und jetzt bin ich weg, weil mir gerade das Essen hochkommt. Sabine, sperr diesen Idioten, bitte!!
vor 5 Minuten · Gefällt mir

A.: Ha, ha, ich würde dich auf der Straße zusammenschlagen, B.! Ich habe dich gesperrt! Bin kein Idiot, bin nur sehr krank, viel kränker als Sabine!
vor 2 Minuten · Gefällt mir

A.: Sabine, ich darf nicht arbeiten gehen, weil ich zu gefährlich bin, wenn mal ein Chef mit mir meckert, explodiere ich!
vor etwa einer Minute · Gefällt mir

Diskussionen dieser Art sind in meiner »ALS-Karriere« öfter vorgekommen.

Woraus sich doch einige wesentliche Fragen ergeben:

Leidet man mehr, wenn man allein ist, einsam ist, oder wenn man unheilbar krank ist? Ich kenne viele, die es furchtbar finden, alleine zu sein, gerade mit dieser Krankheit. Ich kenne aber auch mindestens so viele, die es ganz schlimm finden, so krank zu sein und dann ihre Kinder und ihre Familie, die sie so lieben und von der sie so geliebt werden, verlassen zu müssen.

Ich für meinen Teil muss zugeben, dass ich mich schlecht in die andere Situation hineinversetzen kann, ich bin nicht allein, mir zerreißt es das Herz, meine Kinder, die noch gar nicht erwachsen sind, verlassen zu müssen. Wie es meinen Eltern dabei ergeht, brauche ich wohl auch nicht auszuführen, oder meinem Mann, der sich jeden Tag, jede Minute um mich kümmert. Ich versuche mir auch vorzustellen, wie es nach meinem Tod weitergeht. Davon mal abgesehen, dass meine Kinder sehr, sehr unglücklich sein werden, muss doch auch für sie das normale Leben weitergehen. Und was wird aus meinem Mann, was wird er arbeiten nach diesen ganzen Jahren mit Hartz IV? Raus aus allem und zu jung für die Rente, aber zu alt für einen Job oder eine Umschulung? Dann wird er vielleicht dort sitzen in seiner Wohnung, ohne Aufgabe, allein, ohne Job, ohne Ziel.

Dennoch war es für uns nie eine Option, dass Jörg weiter arbeiten geht. Wir wollten Zeit zusammen verbringen, als Familie. Momente bewusst erleben. Ein paar Erinnerungen schaffen, die uns keiner nehmen kann. Dazu kommt, dass ich sonst Pflege, und auch nur wenige Stunden am Tag, erhalten würde. Aber wer würde sich dann um die Kinder kümmern? Gabriel war fünf, als ich die Diagnose erhielt. Sollen die Kinder, nur weil ihre Mutter krank ist, nicht mehr ihre Freunde besuchen oder nicht mehr zum Sportverein gehen können?

Ich weiß, dass es alleinerziehende kranke Mütter und Väter gibt, die neben allen anderen Ängsten und Sorgen vor allem dies befürchten, dass ihnen auch noch die Kinder weggenommen werden, weil das »Wohl des Kindes« aufgrund der Erkrankung des Elternteils nicht mehr als gesichert angesehen werden könnte. Wobei ich glaube, dass, wenn es irgendwie machbar ist, das Wohl des Kindes am ehesten garantiert ist, wenn es bei den Eltern sein kann, und es auch zum Wohl des kranken Elternteils beiträgt, das Kind bei sich zu haben.

Eine weitere Frage ist: Was ist leichter, wenn man einen tödlichen Unfall erleidet oder wenn man Zeit hat, seinem Tod entgegenzusehen? Ich kann diese Frage nicht beantworten. Meist ist es doch so, dass man genau das besser findet, was man gerade nicht hat. Auch ich schwanke hin und her. An manchen Tagen denke ich: Wenn ich jetzt schon sterben muss, wenn das mein Schicksal ist, dann wäre es doch besser, ich würde einfach tot umfallen. An anderen Tagen denke ich: so ist es doch eigentlich ganz gut, ich habe noch Zeit, Fehler, die ich begangen habe, auszubügeln, und ich habe auch noch Zeit, genügend Erinnerungen zu schaffen.

Ich sehe es aber auch als eine Herausforderung. Niemand kann voraussagen, dass ich innerhalb eines bestimmten Zeitraums sterben werde, und so lasse ich mir das auch gar nicht erst einreden. Es ist eine Chance, manche Dinge noch einmal zu versuchen, um dann vielleicht irgendetwas zu bewegen. Denn, und das ist wirklich Glück im Unglück, ich habe einen langsamen Krankheitsverlauf. Wobei ich jetzt, als vor Kurzem noch gesunder Mensch, sagen muss: Selbst dieser Verlauf ist mir zu schnell. Jedoch unter dem Aspekt, dass ich ALS habe, ist es ein langsamer Verlauf. Ich habe Verläufe mitbekommen, da haben die Betroffenen nur noch wenige Monate gelebt und sie konnten diese Zeit nicht annähernd genießen.

Solange die Welt sich dreht

Höre mein Lachen
Wenn der Wind die Bäume rauschen lässt

Spüre meine Zärtlichkeit
Wenn dir die Sonne ins Gesicht scheint

Erkenne meine Traurigkeit
Wenn der Regen gegen dein Fenster prasselt

Taste dich zu meiner Seele vor
Wenn der Nebel dich umgibt

Rieche den Duft meines Körpers
Wenn du über eine Blumenwiese gehst

Sieh den Glanz meiner Augen
Wenn du nachts in den Himmel schaust

Fühle die Kälte der Sehnsucht nach mir
Wenn der Schnee herabfällt

Merke meine Verzweiflung
Wenn ein Sturm über das Meer zieht

Durchlebe meinen Schmerz
Wenn ein Blitz durch die Dunkelheit zuckt

Denke jeden Augenblick an mich
Solange die Welt sich dreht

Manchmal wird mir angst und bange, wenn ich über mein Leben nachdenke, was bleiben wird von mir. Wie viel habe ich erreicht, wie weit konnte ich meine Kinder auf das Leben vorbereiten? Habe ich etwas geschaffen, hervorgebracht? Ich habe nicht viel erschaffen und das bisschen, was ich hatte, ist mit der Krankheit verloren gegangen.
Eine Frage, die mir dazu dann einfällt, lautet: »Wer würde Morgen an meinem Grab stehen?« Im Moment sehe ich da nicht viele. Leider haben sich viele Freunde entweder aus Angst zurückgezogen oder weil sie wirklich keine Zeit haben. Sehr schade, wenn man, wie ich, gerne mit Menschen zusammen ist.

Menschen haben doch, finde ich, auch irgendwie etwas von Fledermäusen: Sie senden ständig Wellen aus, die dann von anderen empfangen und reflektiert werden. Meine Wellen verhallen leider zu oft in irgendwelchen Weiten. Genau so, wie meine Sorgen oft verhallen. Wem soll ich sie auch erzählen? Meinem Mann, der eh genug um die Ohren hat? Meinen Kindern schon mal gar nicht, und meiner Mama, die sich so enorme Sorgen um mich macht? Es ist schwer, wenn man niemanden belasten will, aber noch schwerer, allein damit zurechtzukommen.

So sehr ich auch versuche, nicht allzu viel über mein Leben und meine Fehler nachzudenken, so tue ich es doch immer wieder. Genauso, wie ich versuche, nicht zu oft über meinen Tod nachzudenken. Dennoch sehe ich ständig eine Sanduhr neben mir. Und es gibt Momente, da habe ich das Gefühl, der Sand verrinnt schneller als an anderen Tagen. Das sind für mich diese ungenutzten, leeren Tage. Ich versuche zum Beispiel, mich auszuruhen, aber es gelingt mir nicht. Überhaupt habe ich das Gefühl, sobald mein Körper sich zur Ruhe begibt, wird mein Geist erst richtig beweglich. Gedanken kreisen und versuchen, nach dem Sinn des Lebens zu greifen. Eine Bestimmung zu erahnen, um ihr noch schnell nachzukommen, bevor ich diese letzte Chance auch noch verpasse.

Ordnung ist das halbe Leben – das sagt man so, aber wenn man plötzlich damit konfrontiert wird, dass man früher sterben wird als erwartet, bekommt die Ordnung im Leben eine bedeutende Rolle.

Davon mal abgesehen, dass ich schon bald erfahren musste, wie kraft- und nervenraubend es sein kann, wenn man behindert ist, und dann nicht mehr so ganz genau weiß, wohin man etwas gelegt hat, oder wie mühsam es sein kann, Anweisungen zu geben, um sich aus einem nicht aufgeräumten Schrank etwas reichen zu lassen, beschlich mich bald das Gefühl, dass ich mein Leben aufräumen sollte, solange ich noch einiges alleine regeln und vor allem solange ich noch sprechen konnte.

Ich begann mich also auf wundersame Weise zu verändern. Die erste Zeit verbrachte ich zum Beispiel damit, meinen Kleiderschrank aufzuräumen, mich von Klamotten zu trennen, die ich ohnehin nie mehr würde tragen können. Entweder weil sie für den Rollstuhl viel zu unbequem waren oder weil die Chance, sie jemals wieder anzuhaben, gegen null ging. Entschlossen sortierte ich also Klamotten und Schuhe aus. Alles wurde in blaue Müllsäcke gestopft und ich gab mit einer lapidaren Handbewegung das Zeichen für den Abtransport. Mein Mann versuchte immer mal wieder, mich zu bremsen, damit ich doch das eine oder andere Kleidungsstück oder ein Paar meiner heiß geliebten Hackenschuhe noch aufbewahrte. Aber ich sagte zu ihm: »Es nützt ja nix … Die kommen jetzt weg. Ich brauche Ordnung.«

Abends dann im Bett, mit Blick auf meinen Kleiderschrank, fühlte ich eine gewisse Beklemmung, leicht fiel es mir nicht, mich von diesen Dingen zu trennen. Dennoch wollte ich Ordnung in meinem Schrank. Ich wollte sagen können: »Gib mir doch bitte mal das blaue T-Shirt«, und mein Mann fand dieses T-Shirt auf Anhieb. Außerdem macht doch erst die Qual der Wahl es so anstrengend, sich zu entscheiden, was man anziehen will, und wenn jedes Stehen, jeder noch so kleine Schritt zu einem Kraftakt wird, wird alles nur doppelt so anstrengend.

Mein ganzes Leben stand zu der Zeit Kopf. Alles war aus den Fugen geraten. Wir wussten kaum, wovon wir leben sollten, wie es weitergehen würde, und es machte mir enorm zu schaffen, dass ich selbst kaum etwas an der Situation ändern konnte. Allerdings meinen Kleiderschrank, den konnte ich ordnen. Relikte aus dem früheren Leben aussortieren, zu enge und unbequeme Sachen einfach weggeben, irgendjemand wird da schon hineinpassen, diese Sachen gehörten nun in ein anderes Leben und nicht mehr in meins.

Es schmerzte zwar, die Klamotten und Schuhe abzugeben, doch es tat nicht wirklich weh. Ich hatte mich entschieden. Es gab tatsächlich noch eine klitzekleine Stelle in meinem Leben, an der ich nach Herzenslust und eigenem Ermessen Entscheidungen fällen konnte. Unterm Strich fühlte ich mich also nach der Aufräumaktion besser.

Mein nächster Schritt war, meinen Mann so lange zu nötigen, bis er bereit war, im gesamten Haus die Möbel umzustellen. Das Wohnzimmer wurde neu gestrichen und alle, wirklich alle Schubladen wurden durchgesehen, und es wurde auch hier aufgeräumt und aussortiert. Öffnete man nun meinen Kleiderschrank oder eine Schublade, blickte man auf eine kleine Oase der Ordnung in meinem sonst ach so durcheinandergeratenen Leben.

Schnell merkte ich, wie gut das tun kann, etwas Ordnung im Leben zu haben, und ich sehnte mich mehr als je zuvor nach einem ordentlich in seinen Bahnen verlaufenden Leben.

Aber dieses Sehnen war nicht gerade hilfreich, erst mal entstand daraus ein weiterer Kampf. Mein Leben, das bis dahin mit mir gewachsen war, passte auf einmal nicht mehr zu mir. Mein Mann war total von meiner neuen Lebenseinstellung überfordert. Nein, eher war es wohl so, dass ich ihn überforderte. Denn selber konnte ich ja nicht mehr viel machen und so musste er das meiste, zusätzlich zu seinen vielen anderen Aufgaben, auch noch übernehmen, nämlich Ordnung zu schaffen, in meinem Sinn, wie ich es brauchte und für richtig befand.

Ich glich einer mit Zwillingen schwangeren Frau, die sich ab dem dritten Monat schonen musste und nur noch liegen durfte. Keine Vorbereitung war getroffen. Zu der Herausforderung und den entsprechenden Ängsten vor der neuen Aufgabe, Eltern zu werden, gesellten sich nun die Herausforderung und die Angst davor, Zwillinge zu erwarten. Der Mann, der den ganzen Tag arbeiten ging, kümmerte sich dann um die Anschaffung des Bettchens und der gesamten Babyausstattung. Sammelte wertvolle Tipps aus Onlineratgebern, die seine Frau für wichtig und hilfreich erachtete. Neben der Angst, bald Vater von gleich zwei Kindern zu sein, stellte sich ihm die Frage, ob er das alles schaffen würde. Könnte er die Geburt miterleben ohne umzukippen, und wovon sollte er gleich zwei Kinder ernähren? Er freute sich über ein Kind, darauf war er eingestellt, und nun hatte er das unfassbare »Glück«, gleich zwei zu bekommen.

Ich fühlte mich schwanger. Es war eine Risikoschwangerschaft. Nicht nur, dass ich träge auf dem Sofa lag und immer weiter zunahm, ich brütete auch etwas aus. Nämlich den besten Weg für mich, mit allem klarzukommen.

In mir trage ich den Tod. Ich gebäre kein neues Leben, ich werde den Tod zur Welt bringen. Ich schenke dem Tod einen Platz in unserer Welt.

Unsere kleine Familie, die bald niemals mehr so sein wird wie zuvor.

Ich möchte alles bestens vorbereiten, möchte, dass alle stark sind für diesen Tag. Wann ist es so weit? An was muss ich alles denken? Werden wir dieser Aufgabe gewachsen sein?

Und so kam ich auf die Idee, meine Beerdigung zu planen. Das erste Mal überhaupt etwas richtig zu planen.

Schmerzlich musste ich mir irgendwann eingestehen, dass ich all das, wovon ich als Mädchen und als junge Frau geträumt hatte, noch nicht erlebt habe: keinen außergewöhnlich romantischen Heiratsantrag, kein überdimensionaler 18. Geburtstag, keine überwältigende Karriere, keine Preise gewonnen, keine Auszeichnungen, die Welt nicht nachhaltig beeindruckt.

Ich muss dazu sagen, dass ich eigentlich auch nicht so viel Wert auf diese Dinge gelegt habe, sie nicht für lebensnotwendig hielt. Mein Leben war nie nach dem Besonderen ausgerichtet. Wir heirateten eben. Das war völlig okay für mich. Später, wenn die Kinder groß sein würden, würden wir unsere Hochzeit noch einmal richtig toll feiern und verreisen. Meine Geburtstage sind für mich Tage wie andere. Was soll sich auch mit der einen Zahl so sonderlich verändern?

Aber jetzt, wo alles so endlich erscheint, möchte ich wenigstens die Gewissheit haben, dass eine Sache genau so läuft, wie ich es geplant und gewollt habe. Nämlich meine Beerdigung. Das Gute daran ist ja, dass ich dieses Ereignis selber wohl kaum miterleben werde. Und ich trotzdem in der beruhigenden Gewissheit gehen kann, dass alles geregelt ist.

Ungefähr so wie bei dem Film *The Green Mile*: Ich schalte grundsätzlich den Film früher ab, um das Ende nicht sehen zu müssen. So habe ich die Freiheit, mir auszudenken, dass es ganz anders ausgegangen ist. Gut, ich weiß das Ende ungefähr, aber ich habe es nicht gesehen, und deshalb kann man mir ja viel erzählen. Wenn ihr wisst, was ich meine. So werde ich es nun auch mit meiner Beerdigung halten.

Ich habe absolut keine Lust darauf, dass sie vielleicht schon bald bevorsteht, aber dennoch verschwende ich gelegentlich einen Gedanken daran.

Aber so leicht ist es gar nicht, sich mit seiner eigenen Beerdigung zu beschäftigen. Für mich ist es ein kleines Problem, dass ich keinen Verbündeten habe, niemanden, keine Freundin, die diesen Anlass mit mir plant. Da ist keiner, mit dem oder der ich die verschiedenen Ideen diskutieren könnte.

Das Einzige, was ich weiß, ist, dass mein Mann ein Grab möchte, an das er gehen kann. Ich habe da eine andere Sicht. Aber das Grab war bislang das Einzige, was wir zu diesem Thema besprochen haben. Und wir sind nicht einer Meinung, das fängt ja schon gut an.

Meine Beweggründe, kein übliches Grab zu wählen mit Grabstein und Blümchen, beziehen sich vor allem auf die ganze Arbeit, die damit verbunden ist. Ich habe absolut keine Ahnung, wie lange ich noch leben werde, aber ich denke, danach sollte es Platz für Neues geben. Ich möchte nicht, dass meine Familie das Gefühl hat, sie müsste zu meinem Grab kommen, es hegen und pflegen und so weiter. Sie hegen und pflegen mich doch jetzt, und das ist so viel wichtiger.

Mal abgesehen davon, dass man sich jetzt einen Grabstein aussuchen und sich damit für viele Jahre festlegen müsste, kostet er Unmengen, und mir fällt gerade auch kein spektakulärer Spruch ein, den ich da einmeißeln lassen könnte. Ich will einfach nicht, dass ich oder vielmehr die Erinnerungen an mich auf einen Ort beschränkt sind. Wenn man einen

Grabstein braucht, um an mich zu denken oder mit mir zu »reden«, wie präsent war ich dann im Leben?

Ich hoffe, dass ich genug hinterlassen habe, dass meine Familie mich nicht vergisst und sich gerne und oft an mich erinnert. Braucht man dazu ein Grab? Nein, ich denke nicht. Woher soll ich wissen, wohin es meine Kinder mal in ihrem Leben verschlagen wird? Vielleicht gehen sie ins Ausland und dann können sie mein Grab eh nicht mitnehmen. Und sollen sie dann absprechen, wer dieses Jahr das Grab pflegt oder wer die Grabpflege bezahlt? Jeder 100 Euro im Jahr? Meine Güte, ich will doch nicht, dass meine Kinder noch Geld für mich ausgeben, wenn ich schon lange nicht mehr lebe!

Mir fiel wieder ein, dass ich vor einigen Jahren mal einen Bericht im Fernsehen gesehen hatte, der davon handelte, wie die Asche von Verstorbenen in die Schweiz überführt wurde und wie dann dort daraus Diamanten gewonnen wurden. Das ist doch mal eine Idee nach meinem Geschmack! Kann man was Schöneres von sich behaupten, als dass man zu Lebzeiten ein ungeschliffener, aber im Tod dann zu einem glitzernden Diamanten wurde? Der Gedanke allerdings, verbrannt zu werden, behagt mir nicht. Ich habe furchtbare Angst vor Feuer. Aber die Vorstellung, langsam zu verwesen und von Tierchen aufgefressen zu werden, erscheint mir noch schlimmer. Leider stirbt man ja nicht und zerfällt sofort zu Staub. Warum eigentlich nicht? Ich finde es doof, dass nicht mal so etwas klappen kann. Nicht mal der Tod. Wie soll man diesen Scheiß eigentlich planen?

Einen wichtigen Abschnitt hatte ich noch gar nicht bedacht, und zwar: Wie organisiere ich die unmittelbare Zeit vor meinem letzten Atemzug? Eigentlich wäre es doch schön, zu Hause seinen letzten Atemzug tun zu können. Andererseits ist das kein so schöner Abgang, weil mein Mann ein

Beerdigungsinstitut anrufen muss, das mich dann mitnimmt. Irgendwie ungemütlich. In einem Krankenhaus möchte ich aber auch nicht so gerne sterben, dort ist es auch sehr ungemütlich, besonders für meine Familie. Ich hoffe ja, dass mir das Ganze dann einfach egal ist. Aber ich will auch nicht, dass meine Familie stundenlang auf unbequemen Holzstühlen sitzt. Trotzdem wäre es schon besser im Krankenhaus oder in einem Hospiz, denn dann würden sich andere um mich nach meinem Abgang kümmern, bis ich mich auf den Weg machen würde zu meiner Verwandlung in einen Diamanten.

Nicht zu verachten ist aber auch der ganze Papierkram, der damit verbunden ist. Die Genehmigung, um die Asche überführen zu dürfen, und dann, um sie wieder einführen zu dürfen. Ganz verstanden habe ich das Prozedere noch nicht, aber ich habe ein paar Quellen aufgetan, die mir das sicher noch irgendwie verständlich machen werden. Na ja, ich werde mich noch schlaumachen und das Thema nun erst einmal beiseitelegen. Ich hoffe doch, dass ich noch ein paar Jahre Zeit habe, das Ganze zu organisieren.

Das größte Problem aber, wie sollte es auch anders sein, ist natürlich das liebe Geld. Eine richtige Beerdigung kostet eine Menge. Bei meiner finanziellen Lage ist das irgendwie aussichtslos. Dennoch werde ich meinen Masterplan nicht verwerfen.

Ich hatte sogar schon angefangen, dafür zu sparen. Alles, was ich an Kleingeld in die Hände bekam, landete in meiner großen Bodenvase. Langsam, sehr langsam wanderte immer mehr dort hinein. Irgendwann, es war schon einiges zusammengekommen, da streikte mein Handy. Also entschloss ich mich, das mühsam zusammengesparte Beerdigungsgeld sinnvoller zu nutzen und von dem Geld ein neues Handy zu kaufen. Man muss ja Prioritäten setzen! Ich werde noch einige

Jahre leben, denn bei unserer mauen Finanzlage brauche ich bestimmt viele Jahre, um die diversen Tausender zusammenzusparen. Und mal ehrlich, so eilig habe ich es auch nicht. Obwohl es natürlich schon beruhigend wäre, zumindest die eigene Beerdigung finanzieren zu können. Es ist doch erschreckend, wenn einem klar wird, dass nicht einmal genug Geld dafür da ist! Wahrscheinlich bringt einen dann das Sozialamt irgendwie unter die Erde, aber ich würde mir doch wirklich etwas Schöneres wünschen.

Ich werde auf keinen Fall den ganzen Bockmist in meinem Leben so hinnehmen und diese Welt hier so verlassen. Ich will nicht mit Mindesteinkommen sterben und der letzte Satz von mir soll nicht lauten: »Nein, liebe Kinder, das können wir uns leider nicht leisten!«

Ich will meine Kinder nicht mit dem Hinweis zurücklassen, dass sie das Erbe ausschlagen müssen. Ich möchte für meine Kinder noch einmal aufblühen, wie Phönix aus der Asche. Ich möchte, dass meine Kinder sehen, dass ich nicht aufgebe, egal, wie die Situation auch ist. Ich würde mir wünschen, ich könnte Fehler, die ich gemacht habe, wiedergutmachen, ich wünschte, ich könnte meine Familie und meine Kinder absichern. Ich würde gerne einen Weg finden, um die Situation meiner Familie und die Situation von anderen Betroffenen zu verbessern. Ich werde kämpfen für die Erforschung der Krankheit, damit eine Heilung möglich wird. Ich will einfach die Welt ein kleines Stück für mich und meine Familie besser machen, auch wenn ich selbst nicht mehr da bin.

Ob es auch zählt, dass ich dafür wirklich alles versuche? Meine Uroma hat immer gesagt: »Den guten Willen für die gute Tat!« Aber damit werde ich wahrscheinlich nicht sehr weit kommen.

Liebe Spontanität

Meine liebe Spontanität ...
da ich dich im Moment nicht persönlich treffen kann, schreibe ich dir nun diese Zeilen.
Es fällt mir nicht leicht, nun diesen Abschiedsbrief zu verfassen, denn du warst immer an meiner Seite.
Als wir uns zuletzt sahen, ich glaube, es war, als ich hoppla hopp nach Hamburg ins Krankenhaus musste, brauchten wir schon ziemlich viel Unterstützung, um miteinander klarzukommen. Damals habe ich befürchtet, dass wir uns das letzte Mal begegnet sind, aber dass die Zeit des Abschieds wirklich gekommen war, konnte ich nicht glauben.
Ich war so zuversichtlich, dass ich eine Therapie machen könnte und wir dann eine gemeinsame Zukunft haben würden.
Hätte ich es doch nur früher erkannt ... Dann hätten wir unsere Zweisamkeit noch einmal so richtig ausgekostet.
Aber so ist es wohl, das Leben.
Man erkennt erst, was man aneinander hatte, wenn man getrennt ist. Trotz aller Wehmut muss ich dir auch schreiben, dass du mich nicht immer nur glücklich gemacht hast. Und jetzt, da wir uns nicht mehr treffen werden, möchte ich dir auch davon berichten. Da war zum Beispiel der Moment, als du entschieden hast, dass ich mir die Haare abschneide, oder als ich mit deiner

Unterstützung dieses furchtbare Auto gekauft habe. Ja, na klar, ich hätte »Nein« sagen können, aber ich war so machtlos gegen dich! Allerdings, wenn ich jetzt darüber nachdenke, hatten wir viel mehr positive als negative Erlebnisse. Viele, vielleicht sogar die meisten tollen Momente verdanke ich dir. Umso wehmütiger macht es mich, dich nun gehen zu lassen.

Dass ich durch dich meinen Mann kennenlernen durfte, werde ich dir nie vergessen. Ich werde dir immer dankbar sein.

Nachdem du mich verlassen hattest, hatte ich eine schwere Zeit. Wie sollte ich zurechtkommen ohne dich? Es war und ist auch heute noch oft so, als wenn ein Teil von mir fehlt. Aber ich kann, nein, ich versuche zu verstehen, dass du gehen musstest. Die Umstände haben es unmöglich gemacht, dass wir zusammenbleiben konnten.

Manchmal habe ich das Gefühl, dich zu sehen, dich zu spüren, als wenn du ganz nah bei mir wärst. Aber dann erkenne ich, dass das nur Wunschdenken von mir war. Wir haben uns schon vor vielen Monaten voneinander getrennt. Bitte verzeihe mir, dass ich erst jetzt die Kraft habe, dir einen Brief zu schreiben.

Ich habe nun erkannt, dass du dein Glück woanders suchen musst. Ich hoffe so sehr, dass du glücklich bist (auch ohne mich). Ich weiß, wie groß deine Angst davor war, lästig zu sein oder verdrängt zu werden. Ich bedauere so sehr, dass du nun, in der Blüte deines Lebens, noch einmal von vorne anfangen musst.

Glaube mir, hätte ich darauf Einfluss gehabt, wir hätten uns niemals getrennt. Lass uns unsere schönen

Erinnerungen bewahren. Und nun bleibt mir nichts anderes übrig, als »Lebe wohl« zu sagen.

Deine dich sehr vermissende Sabine

Ich komm im Rolli, und das mit Ansage! Manchmal würde ich mir wirklich wünschen, ich könnte einfach mal so, ohne irgendeine Vorbereitung treffen zu müssen, irgendwohin fahren. Einfach mal losziehen, ohne dass die heimliche Angst, irgendwas könnte nicht klappen, als ungebetener Gast mitfährt. Egal, wo wir hinfahren, meist sende ich erst einmal einen meiner Späher aus, um die Lage vor Ort zu sondieren. Wobei es nicht reicht, irgendjemanden vorzuschicken, denn die eine oder andere Stufe wird im Eifer des Gefechts allzu selbstverständlich überlaufen und somit gar nicht wahrgenommen, während sie mir hingegen oftmals den Zutritt zu einem Ort verwehrt. Nein, man muss schon jemanden losschicken, der weiß, was es alles zu beachten gilt. Es langt auch nicht, vorher anzurufen und am Telefon die Situation abklären zu wollen, denn viele Menschen stellen es sich einfacher vor mit so einem Rolli, als es das tatsächlich ist. »Na, wir haben zwar zwei kleine Stufen, aber da fasst bestimmt kurz jemand mit an und dann heben wir den Rolli hoch. Kein Problem.«

Wirklich eindringlich muss man dann erklären, dass es sich um einen E-Rollstuhl handelt, der allein schon 130 Kilo wiegt und nicht mal so eben angehoben werden kann. Bleibt es dann bei der Aussage, dass dies überhaupt kein Problem sei, zweifelt man während der ganzen Autofahrt daran, ob dies wirklich alles so unproblematisch ablaufen wird. Ich glaube, ich muss nicht erwähnen, dass es meist Probleme gibt.

Selbst Kultur ist für Rollstuhlfahrer nicht uneingeschränkt zu erleben, wie ich bitter feststellen musste. In meiner Verzweiflung, endlich mal mit den Kindern etwas gemeinsam zu unternehmen, ohne böse Überraschungen zu erleben oder sich anders zu fühlen, entschloss ich mich, mit meiner Familie Museen zu besuchen. Sicher nicht das Programm, für das sich Kinder in der heutigen Zeit spontan begeistern, aber dennoch kein unwichtiges. So machten wir uns dann eines Sonntags freudig auf den Weg, um in die kulturelle Welt einzutauchen.

Vorher hatte ich natürlich die Internetseite des Museums studiert und dort stand: »Rollstuhlfahrer und ihre Begleitung haben in unserem Museum freien Eintritt! Trotz Denkmalschutz und einigen Treppen in unserem Haus möchten wir auch Besuchern, die gehbehindert oder auf einen Rollstuhl angewiesen sind, ermöglichen, das Museum zu besuchen. Der Besuch mit einem Rollstuhl oder ähnlichen Hilfsmitteln ist in nahezu all unseren Abteilungen, teilweise mit Einschränkungen, möglich. Da unsere Aufzüge allerdings nicht zum öffentlichen Bereich des Hauses gehören, ist Ihnen das Aufsichtspersonal in den jeweiligen Ausstellungen gerne bei Fragen beziehungsweise der Beförderung behilflich.

Unsere Behindertenparkplätze befinden sich vor dem Haupteingang … (2 Plätze) sowie am Seiteneingang … des Museums (1 Platz).

Behindertenparkplätze befanden sich auch direkt vor der Tür, allerdings kommt man mit dem Rollstuhl den Bordstein nicht hoch und muss folglich die ganze Straße entlangfahren, also auf der Straße, bis der Bordstein so niedrig ist, dass man auf den Bürgersteig fahren kann. Der behindertengerechte Eingang ist zudem nirgends ausgeschildert, ich hatte Glück, dass ich mit meiner Familie dort war, denn so konnte einer erst mal die vielen Stufen zum Eingang hochlaufen und fragen. Wir wurden um die Ecke geschickt zu einem Nebeneingang, das finde ich nicht schlimm, aber dass man dann dort im Treppenhaus auf Anhieb entscheiden soll, wohin man will, ohne sich vorher informieren zu können, wo es was zu sehen gibt, das fand ich schon seltsam. Na ja, dann sollten wir mit dem Fahrstuhl hoch ins Museum fahren, nur kam ich mit dem E-Rolli nicht hinein, weil nicht genügend Platz zum Rangieren war. So wurden wir dann durch verschiedene Kellerräume und die Tischlerei geführt und schließlich mit dem Lastenaufzug befördert. Ehrlich gesagt: Das war doof. Mittlerweile war uns allen die Laune etwas verdorben. Dann bekamen wir einen Plan vom Museum und uns wurde erst einmal erklärt, was man mit dem Rolli alles nicht sehen kann. Wir haben uns zwar ein paar Ausstellungsstücke angesehen, aber dann beschlossen, uns ein zweites Frühstück im Café gegenüber zu gönnen, das komplett ebenerdig war, sogar der Fußweg davor war abgesenkt und es gab eine Rampe.

Der Museumsbesuch war insgesamt wirklich enttäuschend. Sehr schade, denn ich finde, Kultur sollte für jeden zugänglich sein.

Mich nervt es, dass ich wegen meines Rollis auf so vieles verzichten muss. Selbst wenn man durch irgendeinen Hintereingang Zutritt erhält, bleibt man oft separiert und ist nicht wirklich dabei. Ich verzichte dann lieber, wenn auch nicht freiwillig, irgendwohin mitzukommen. Meist bedeutet das ja auch: Es muss im Vorfeld so viel abgeklärt werden, besonders, seitdem ich im E-Rollstuhl sitze.

Hier, wo wir jetzt seit etwa einem Jahr wohnen, ist es zum Glück sehr erträglich. Wir haben eine schöne rollstuhlgerechte Wohnung, die ich auch alleine verlassen kann. Die kleine Einkaufsstraße ist super. Und was mir hier am besten gefällt, ist das Multikulturelle. Die Menschen sind es gewohnt, mit Menschen unterschiedlichster Herkunft zurechtzukommen, da ist es ganz egal, warum du anders bist, deine Hautfarbe, deine Sprache, mit Rolli oder nicht, egal. Alles ist bunt und ich fühle mich als Teil des Lebens. Hier ruht das Leben nie. Es ist immer etwas los. Am Anfang, als wir vom Land hierhergezogen sind, war ich etwas skeptisch, ob ich diese Veränderungen mal eben so annehmen kann, aber nun ist es wunderbar für mich. Ich brauche und will keine Ruhe. Ich lebe hier mit jeder Faser meines Körpers. Auch wenn ich schlechte Tage habe und im Bett liege, brauche ich einfach nur die Balkontür zu öffnen, und ich höre das Leben. Ich liebe es!

Ich bin hier definitiv erwacht. Meine Gedanken sind nicht mehr so eng und ich bin wieder kreativ. Zwar musste ich aufgrund meiner Krankheit vieles aufgeben, aber ich finde ständig neue interessante Dinge, mit denen ich mich beschäftigen kann, wenn ich mich nicht gerade, und das nur allzu gerne, mit meiner Familie beschäftige.

Bei gutem Wetter bin ich gerne draußen. Oft begleitet mich Gabriel und wir essen ein Eis, bewegen uns unter Leuten, verballern sein Taschengeld oder erledigen kleine Besorgungen.

Ich kann an dieser Stelle nur sagen, wie dankbar ich bin, dass mich hier schon so viele kennen. Denn jedes Mal, wenn ich zum Beispiel in die Drogerie hineinfahre, ertönt das Alarmsignal. Das Problem ist, dass ich Geschwindigkeit wegnehmen muss, denn es ist da recht eng und meist gut besucht. Nehme ich aber Geschwindigkeit weg und meine Magnetbremse vom Rollstuhl bekommt den Impuls zu handeln, löse ich den Alarm aus. Das Gleiche passiert natürlich beim Rausfahren. Also habe ich mich am Anfang immer dafür gerechtfertigt und auch an der Kasse noch einmal Bescheid gesagt, dass ich wahrscheinlich gleich wieder piepe. Mittlerweile ist es aber so, dass ich eben piepe. Und so wissen dann auch gleich alle: »Sabine is in the House. Mal sehen, ob sie Hilfe braucht oder wir ihr etwas reichen können.«

Ich komme also mit Rolli und eigentlich immer mit Ansage! Von meiner Spontanität ist nicht wirklich viel übrig geblieben. Ein weiterer Punkt in meinem Leben, den ich sehr vermisse. Ich finde, die schönsten Dinge im Leben ergeben sich doch durch kleine oder größere spontane Einfälle.

Ich will nicht leugnen, dass mich früher meine oft ungebremste Spontanität auch manches Mal in die Bredouille gebracht hat, aber macht das nicht den Charme des Lebens aus? Meine Mama und ich nannten es immer: »Wollen wir nicht mal wieder was aushecken?« Und oftmals sagen wir das auch heute noch. Dann sitzt sie bei mir und wir fangen an zu überlegen, was wir anstellen könnten. Jede macht ein paar Vorschläge, aber der Weg dorthin erscheint uns doch meist so anstrengend, dass wir das Ganze dann vertagen.

»Sollen wir nicht noch mal schnell?« Oh ja, aber dann muss ich erst noch was Anständiges anziehen und mich aufraffen, mich in meine Jacke und Schuhe zwängen, Jörg fragen, ob er uns fährt, Rampe raus, Rollstuhl rein ins Auto, anschnallen, eine geeignete Stelle zum »Entladen« finden, Rampe wieder raus, Rollstuhl raus und dann, ja dann geht es endlich los. Ach, nicht ganz, kurz vorher muss man noch darüber nachdenken, ob man mit dem Rolli auch sein Ziel erreicht!

Im Moment kann ich nicht raus, und das löst bei mir das Gefühl aus, dass ich mich auflöse. Dass sich meine Muskeln »auflösen«, ertrage ich einigermaßen, aber was viel schlimmer ist: Ich habe das Gefühl, im Moment wie weggepixelt zu werden. Sicherlich kommt das auch daher, weil ich nach so langer, überwiegend im Bett verbrachter Zeit schwermütig werde. Aber vor allem, weil ich nirgends dabei bin. Ich bin nicht bei Gabriels Fußballturnieren, kann Christian nicht mit zum Bus bringen, wenn er auf Klassenreise geht, kann niemanden besuchen. Alles übernimmt Jörg! Ist ja auch schön, dass er das macht, aber ich komme mir vor wie ein Phantom. Alle wissen, dass es mich gibt, aber keiner sieht mich. Es ist zum Verrücktwerden. Ich hoffe, dass ich bald mal wieder rauskomme, in den Park und kleinere Besorgungen erledigen. Letzte Woche war ich auch zur Anprobe des »Korsetts«, damit ich etwas aufrechter im Rollstuhl sitze und nicht ständig Rückenschmerzen habe. Im ersten Moment fühlte es sich ganz gut an. Aber ganz ehrlich, ich glaube nicht, dass es die ultimative Lösung ist, und vor allem nicht für lange, aber ich hoffe darauf. Vielleicht bin ich auch im Moment einfach in einem Loch und sehe alles schwärzer, als es ist.

Dabei wohnen wir doch jetzt in Hamburg und ich möchte etwas erleben! Ich möchte die Menschen um mich herum spüren und das Leben in mich aufnehmen, mit den Kindern etwas unternehmen oder mit Jörg Kaffee trinken gehen.

Das nächste Problem ist der Transport. Egal, wo ich hinmöchte, der E-Rolli muss mit! Aber das Auto dafür haben wir nicht. Ich bräuchte einen Lottogewinn oder Ähnliches. Ich werde mal schauen, wie das so ist, mit dem Bus zu fahren … Ich habe etwas Angst davor, denn meist sind die Menschen im Bus gereizt und oft ist er auch überfüllt. Dann heißt es: wieder abhängig sein von der Freundlichkeit und der Laune der Menschen um mich herum.

Denn oftmals ist es so, dass ich mich gar nicht weiter bemerkbar machen muss. Das erledigen dann schon irgendwelche völlig entnervten und gereizten Leute für mich. Meist entsteht eine hektische Emsigkeit, weil keiner darauf vorbereitet war, dass ich mit Rolli ankomme, obwohl ich mich in der Regel vorher ankündige.

Wahrscheinlich denken sie, dass ich eher nicht komme, oder hoffen darauf, dass ich nicht komme. Aber mal ehrlich, glauben manche Menschen wirklich, dass sie unverwundbar sind? Ich kann nur aus eigener Erfahrung berichten, dass man schneller im Rollstuhl sitzt, als es einem lieb ist und als man sich das überhaupt vorstellen kann, und dann muss man sehen, wie man in dieser Gesellschaft zurechtkommt, mit der Ungeduld und der Ignoranz der anderen.

Ich halte es mittlerweile für vermessen zu glauben, dass schon nix passieren wird.

Wenn ich in einem Einkaufszentrum in der Nähe einkaufen oder bummeln gehen möchte, muss ich eine spezielle Tür benutzen, die sich durch einen Schalter elektrisch öffnen lässt. Allerdings gibt es dort zwei Türen, eine links, eine rechts. Die Tür für mich befindet sich links, und wenn ich nun von außen in dieses Einkaufszentrum hinein möchte, fahre ich also auch links. Für manchen deutschen Bürger ein Ding der Unmöglichkeit, denn es ist ja Gewohnheit, immer rechts zu fahren, also auch rechts zu gehen oder was auch immer. Also immer mit dem Strom. Ich muss jedoch in dieser Situation unfreiwillig gegen den Strom rollen, was manche Leute überhaupt nicht ertragen können. Meist sind sie irritiert, oft aber ärgerlich und bleiben dann gern mal demonstrativ vor mir stehen. Dann erkläre ich natürlich, dass ich nur diese eine Tür links nutzen kann und so weiter. Ich würde mir anschließend natürlich wünschen, dass der Herr dann ebenfalls freundlich sagt: »Oh, Entschuldigung, das wusste ich nicht«, und mich vorbeilässt. Überraschenderweise passiert aber genau das meistens nicht. Und ich muss mir ziemlich barsch mit lauten Kommentaren den Weg bahnen, ja, zuweilen sogar erkämpfen. Was ist so schlimm daran, einen Schritt zur Seite zu gehen? Tut mir leid, ich verstehe das nicht. Mir macht das Ganze auch absolut keinen Spaß. Ich finde es erniedrigend und demütigend, jedes Mal zu wissen, dass wieder diese Konfrontation bevorsteht, wenn ich dort einkaufen gehen möchte.

Man verzichtet im Rollstuhl auf so vieles, aber dann noch angemeckert zu werden, ist für mich so unnötig und so verletzend.

Heiß geliebte Hoffnung

Heiß geliebte Hoffnung,
einmal mehr möchte ich dir danken, dass du mich täglich besuchst!
Du bist mir eine treue und teure Freundin, und ich hoffe so sehr, ich werde dich niemals aus den Augen verlieren.
Ich wäre so unglaublich verloren ohne dich!
Manchmal frage ich mich, warum du, der ganzen Umstände zum Trotz, zu mir hältst? Wahrscheinlich mache ich es dir oft nicht leicht, aber du schaffst es immer wieder, mir Mut zuzusprechen.
Du warst da, als ich die Diagnose bekam, tauchtest wie aus dem Nichts auf, wenn ich alles hinschmeißen wollte.
Du schaffst es immer wieder, mir Mut zu machen. Kommst ganz leise, legst mir deinen Arm um die Schultern und flüsterst: »Noch ist nichts verloren!«
Und diese Umarmung von dir, dieses leise, bestimmte Flüstern, das ist es, was mich weitermachen lässt. Stets mit der Gewissheit: Du bist bei mir!
Wir sind schon so einige schwere Wege zusammen gegangen, und niemals hast du mich im Stich gelassen.
Meine liebe Freundin, ich möchte dich bitten, wenn ich nicht mehr da bin, so bleibe bei meiner Familie! Sie werden eine Freundin wie dich brauchen.

Hoffnung, was für ein schönes Wort, mit welch wunderbarem Klang. Eine Freundin, die dich im richtigen Moment anruft, die weiß, wie es dir geht, wenn sie dich anschaut, und die ebenso weiß, was sie sagen muss, damit es dir besser geht. Hoffnung, was für ein Glück, sie bei mir zu wissen. Und manchmal glaube ich, die Hoffnung ist es auch, die Engel auf die Erde sendet, und nicht Gott. Sie ist so wunderschön, sanft und rein, und so verträumt. Sie setzt sich neben mich aufs Bett und hält meine Hand, wenn ich nicht schlafen kann. Sie streicht mir über den Kopf und sie gibt mir die Zuversicht, dass ich es schaffen werde. Sie glaubt an mich. Und ich glaube ihr.

Ich glaube, dass sie eine glitzernde Aura hat und manchmal auf der Erde spazieren geht. Und dass dann der Wind winzige Partikel ihrer Aura, wie die Pollen einer Blume, fortträgt. Und wenn ein Mensch so ein klitzekleines Teilchen, dieses Staubkorn der Hoffnung einatmet, kann er es auch mit seinem Atem an einen anderen Menschen weitergeben. Manchen Menschen schenkt sie sogar die Gabe, selbst eine Hoffnung zu sein. Sie werden von uns als Engel bezeichnet.

Ich weiß nicht, bei welchem Engel in meinem Leben ich anfangen und bei welchem ich mein Buch enden lassen sollte. Die Begegnungen mit diesen Engeln sind für mich so wichtig, so nachhaltig, sie bedeuten ein überlebenswichtiges Gegengewicht zu den negativen Begegnungen.

Ich habe nun schon über einige negative Begegnungen und Erfahrungen mit anderen berichtet. Und leider, wenn ich Bilanz ziehe, muss ich sagen, dass ich viele negative Begegnungen und Erfahrungen mache. Aber eines kann ich glücklicherweise anmerken, nämlich dass die positiven Begegnungen mehr strahlen. Eine gute Begegnung hat die Kraft, zehn negative auszulöschen.

Letztens hatte ich die Idee, gebrauchte Rollstühle zu kaufen und mit ihnen Schulen zu besuchen. Ich wollte Rollstuhlausflüge anbieten. Eine Zeit lang habe ich über diese Idee nachgedacht, aber dann wurde mir klar, dass die Kinder gar nicht das Problem sind. Kinder kommen nur zu gern auf mich zu und schauen sich meinen riesigen Elektro-Rollstuhl ungeniert an. Sie kennen keine Berührungsängste. Es sind die Eltern, die ihre Kinder wegziehen, um der Konfrontation mit mir aus dem Weg zu gehen. So sind es auch eher Jugendliche, die mir ihre Hilfe anbieten oder mir die Tür aufhalten.

Ich genieße es zutiefst, wenn mir ein ehrliches Lächeln, ein freundlicher Blick zugeworfen wird. Ich sauge es förmlich auf, wenn mir jemand seine Hilfe anbietet. Ich registriere sofort, ob jemand einen Schritt zur Seite macht, um mich im Rollstuhl vorbeizulassen, aber auch, wenn jemand einen Schritt auf mich zumacht.

Ich bin dankbar für die vielen Menschen, die an meinem Leben Anteil nehmen, die mir auch aus ihrem Leben erzählen und vielleicht sogar einen Rat von mir möchten. Die es anerkennen, dass ich jetzt einen anderen Blick aufs Leben habe.

Ich bin dankbar, dass die Hoffnung es möglich macht, dass ich trotz allem strahlen kann. Dass sie stark ist und mir Kraft gibt. Ich bin dankbar, dass die Hoffnung meine Kinder, meinen Mann, meine Eltern und meine Familie in den Arm genommen und geküsst hat und sie somit meine Engel geworden sind. Ich bin dankbar, dass die Hoffnung nie zu beschäftigt ist, nie zu ängstlich, dass sie uns stets beisteht und die schlechten Gefühle vertreibt.

Hoffnung packt an. Sie ist das Gegenteil von Resignation, die sich kampflos in ihr Leid ergibt. Hoffnung krempelt die Ärmel hoch und fängt einfach an.

Ich hatte und habe gute Wegbegleiter, das möchte ich betonen. Nicht nur meine Familie, meine Kinder und meinen Mann. So viele Menschen, die mit mir in Kontakt stehen und mir Mut machen. Mein Hausarzt, der an mich geglaubt und nicht aufgegeben hat, die Ärzte im Krankenhaus, die die Diagnose gestellt haben, die mit Menschlichkeit und Einfühlungsvermögen damals an meiner Seite standen. Mein jetziger Arzt, der mich weit mehr als nur medizinisch betreut. Beratungsstellen, Freunde, die mich nicht verlassen haben, und Freunde, die ich neu kennenlernen durfte und und und.

Es ist nicht leicht, aber mit meiner Freundin Hoffnung zusammen fand und finde ich immer wieder den Mut, mich auf neue Menschen einzulassen. Auf Menschen, die mehr sehen als eine Frau im Rollstuhl.

Hallo ALS

Hallo ALS,
da du alle meine Versuche, mich mit dir auseinanderzusetzen, bis jetzt ignoriert hast, schreibe ich dir nun diesen Brief.
Ich möchte dich bitten, ihn auch zu lesen, denn so wie bisher kann es mit uns auf keinen Fall weitergehen!
Vor etwa anderthalb Jahren bist du in mein Leben geplatzt und hast dich wie ein Mitesser an mich geheftet. Du bist wie ein Schmarotzer, wie eine überdimensionale Zecke, die mein Leben aus mir heraussaugt. Was denkst du dir nur dabei? Hast du dir jemals Gedanken darüber gemacht, wie ich mich fühle? Hast du mich jemals gefragt, ob ich das will und wie ich damit zurechtkomme? Was du tust, finde ich unmöglich. Ich habe nie zuvor jemand so Hinterlistiges wie dich gekannt! Versteckst dich vor den Ärzten und der Wissenschaft, obwohl du weißt, dass du nur Leid und Kummer bedeutest.
Das ist wirklich feige!
Ich empfehle dir dringend eine Therapie.
Ich kann und will nicht mit dir leben. Du blockierst ja nicht nur mein Leben, sondern auch das meiner Kinder, meines Mannes, meiner Familie. Du hast alles kaputt gemacht, und dennoch verschwindest du nicht!
Kennst du denn gar keinen Respekt, kein Mitgefühl? Wie kann man nur so grausam sein?

Ich erwarte von dir, dass du deine Siebensachen packst und endlich verschwindest! Oder, nein, deine Sachen stehen ja schon gepackt vor der Tür. Verschwinde nun einfach und lass dich nie wieder bei mir blicken. Versuche nicht, mit mir zu diskutieren, denn es ist aussichtslos, ich werde nicht mit dir reden. Ich habe endgültig die Schnauze voll von dir!
Es ist aus!!
Sabine

Manchmal werde ich gefragt, ob ich meine Krankheit angenommen habe. Ich beantworte das mit einem klaren »Nein!«

Für mich wäre es nur eine Floskel zu sagen, ich habe meine Krankheit angenommen. So eine Art Selbstberuhigung.

Ich kann natürlich nicht leugnen, dass ich sie habe, und ich lebe auch mit ihr, aber ich gebe ihr definitiv und notgedrungen nur den Platz in meinem Leben, den ich ihr unbedingt einräumen muss. Obwohl der Platz mittlerweile schon beträchtlich groß ist ...

Vielleicht wäre es etwas anderes, wenn ich wüsste, ich werde wieder gesund. Dann wäre ich bestimmt bereit, viele Erkenntnisse aus diesem dann Zwischenleben mitzunehmen in mein neues Leben. Aber ich weigere mich einfach, ALS etwas Gutes abzugewinnen.

Natürlich gibt es Gutes in meinem Leben, aber nichts davon kommt von der ALS. Auch wenn wir deshalb neulich eine Reise von Radio Hamburg geschenkt bekommen haben, weil ich mit meinem Mann zusammen Songs schreibe, was mir wirklich großen Spaß macht. Auch dieses Buch zu schreiben hat mir viel Spaß gemacht und auch viel bedeutet: ein Ziel erreichen, etwas zu Ende bringen. Im Fernsehen und in Zeitschriften wird immer mal wieder über uns berichtet, über das Leben mit ALS, und es macht mich stolz, auf die Weise etwas zur Aufklärung beizutragen, aber es ist doch ein trauriger »Ruhm«.

Wenn ich darüber nachdenke, ist es allerdings schon so, dass ich das Leben jetzt anders sehe und Gefühle intensiver lebe. Und auch mich besser kennenlerne. Ich kann nicht beurteilen, ob das Ganze wirklich ein positives Ergebnis der ALS ist, das will ich auch gar nicht.

In »Annehmen« schwingt für mich auch immer »Aufgeben« mit. Ich werde nicht aufgeben. Ich werde gegen diese Krankheit kämpfen.

Ich kann die Krankheit nicht einfach annehmen, denn dann würde ich auch meinen Tod annehmen. Vielleicht käme ich dann mehr zur Ruhe, aber das will ich doch gar nicht.

Ein Geschenk kann man annehmen. Aber ALS ist kein Geschenk. Man kann befürchten, dass so etwas passieren wird, aber man kann nicht damit rechnen, krank zu werden. Man geht nicht baden und überlegt sich, dass man anschließend von Blutegeln befallen ist. Und falls es doch so kommen sollte, findet man sich nicht damit ab und gewährt diesen Tierchen ein Leben auf seinem Körper. Nein, voller Ekel versucht man, sie loszuwerden, und wartet nicht, bis sie sich vollgesogen haben und von alleine abfallen.

So ergeht es mir jedenfalls. Ich habe diesen Schmarotzer ALS am Hintern, und der will meine Lebensenergie aus mir heraussaugen. Ich schreie und rufe um Hilfe. Ich ekle und grusele mich. Gedanklich springe ich hin und her. Mit einer angewiderten Handbewegung versuche ich, mich von diesen Egeln zu befreien. Und es nützt mir rein gar nichts, wenn sich dann jemand neben mich stellt und mich belehrt, dass sie wieder von alleine abfallen. Ich solle doch die Ruhe bewahren. Wenn ich mir auch noch dumme Sprüche anhören muss, dann wünsche ich mir einen Crocodile Dundee, der diese Egel einfach entfernt.

Ich wehre mich dagegen, diese Krankheit anzunehmen, um genug Kraft, Wut und verrückte Ideen zu haben, die es mir ermöglichen, trotz ALS zu existieren.

Auch wenn ihr es mir nicht glaubt, es gab niemals einen Moment, in dem ich gedacht habe: Warum habe ich bloß diese Krankheit?

Denn dann müsste es ja jemanden geben, dem ich diese Krankheit gönne. Und so fiese Gedanken möchte ich niemals haben.

Als ich die Diagnose erhielt, erwarteten wohl einige Schwestern und Ärzte in dem Krankenhaus, dass ich nun einen Nervenzusammenbruch erleiden würde. Aber ich habe keinen bekommen. Ich habe mich manchmal selbst gefragt: Warum eigentlich nicht? Ich denke, weil mir ziemlich schnell klar war, dass ich meine Energie brauche. Selbst wenn ich mich auf den Boden schmeiße, schreie und mit Händen und Füßen strampele, würde es doch gar nichts nützen.

Damit will ich natürlich auf gar keinen Fall sagen, dass mich die Diagnose nicht mitgenommen hat.

Ich denke auch nicht, dass es so etwas wie Gottes Strafe ist, wenn man krank wird. Und sogar wenn, hätte er dann nicht andere Leute zu bestrafen? Warum verlassen dann zum Beispiel manche Massen- oder Kindermörder gesund ihre Haft? Nein, mit einem göttlichen Plan hat das für mich nichts zu tun. Auch nicht mit einer möglichen Schuld meiner Vorfahren.

Oft habe ich das Gefühl, dass es nicht die Krankheit ist, die mir mein Leben nimmt, sondern es sind die ganzen Umstände drum herum. Der Kampf mit den Ämtern und was dazugehört. Die Angst, nicht genug Geld zu haben für diesen

Monat. Die Anfeindungen. Der Ärger mit den Hilfsmitteln. Die Sorgen. Und so weiter.

Eines würde mir langen, gegen die Krankheit zu kämpfen oder für das tägliche Überleben. Dennoch bin ich froh, dass es in Deutschland eine Krankenversicherung gibt, ein Amt, das uns bezuschusst, damit wir diese Wohnung bezahlen können.

Aber es macht mich traurig, dass vieles nur nach Aktenlage entschieden wird. Dass man nicht mehr ist als eine Nummer. Dass die Menschlichkeit aufgrund von Misstrauen, Neid und Bürokratie auf der Strecke bleibt.

Ich danke meinen wunderbaren Kindern, die mir immer wieder die Kraft geben, einen neuen Tag mit einem Lächeln zu beginnen. Ich danke meinem Mann, der an meiner Seite ist und mir das Gefühl gibt: Egal, was passiert, wir halten zusammen. Ich danke meinen Eltern, die immer für mich da sind – wo wären wir ohne euch? Meine Mama, die sich meine ganzen großen und kleinen Sorgen anhört, obwohl es ihr sicher selber oft das Herz zerreißt. Ich danke meiner Schwester, meinen tollen Schwiegereltern und allen Menschen, die mich begleiten.

Brief an meine Kinder

Meine Süßen,

ich weiß nicht, wie ich diesen einen, wichtigsten Brief meines Lebens beginnen soll. Schon einige Zeit mache ich mir Gedanken. Ich habe bereits so viele Briefe geschrieben, an Ämter, an Lehrer, an Versicherungen, an Krankenkassen ... Ich schreibe dann: Sehr geehrte Damen und Herren oder etwas ähnlich Formelles. Aber dieser Brief soll Euch sagen und zeigen, wie sehr ich Euch liebe. Dieser Brief soll alles sagen, was ich noch sagen wollte und sagen will.

Bitte denkt nicht, dass ich diesen Brief nur schreibe, weil ich krank bin, nein, ich schreibe ihn, weil mir bewusst wurde, dass ich Euch mit diesem Brief so vieles auf den Weg geben kann, was Ihr jetzt gar nicht hören wollt oder verstehen könnt. Aber dieser Brief ist da für Euch, und er wartet auf den Moment, an dem Ihr ihn lesen möchtet. Ihr könnt ihn so oft Ihr wollt und immer wieder lesen.

Wenn ich noch länger darüber nachdenke, wird er wohl nie geschrieben. Und deshalb beginnt dieser Brief wahrscheinlich nicht so, wie Ihr gedacht habt. Ich möchte nicht in schönen Floskeln schreiben, keine Klischees bedienen, ich möchte, dass Ihr mich in diesem Brief wiederfindet. Immer und immer dann, wann Euch danach ist.

Diese Krankheit hat mich und vor allem Euch schon in so viele absurde Situationen und Gefühlszustände gebracht, und dies ist für mich definitiv der schwierigste, aber wohl auch der sinnvollste und, wie ich hoffe, irgendwann auch der schönste Moment für Euch.

Es gab so viele schwierige Momente, und ich kann nur ein paar von denen erahnen, die Ihr erlebt habt. Ich hätte Euch so gerne diese Momente erspart, sie gegen wunderschöne ausgetauscht.

Ich will in diesem Brief nichts schwarzmalen, nicht pessimistisch sein, denn das ist doch so gar nicht meine Natur.

Immer wieder muss ich an unser Erlebnis denken, wie wir mit dem Fiat Panda unterwegs waren. Ich brauche Euch nicht zu fragen, ob Ihr Euch daran noch erinnern könnt, denn ich weiß, dass es so ist. Manchmal, in bestimmten Situationen, sagt einer von Euch: »Mama, weißt du noch, als der Panda ohne Benzin gefahren ist?« Mittlerweile zweifelt Ihr beiden Großen wahrscheinlich daran, denn Ihr lernt ja im Physikunterricht, dass dies unmöglich ist, und auch das Leben ist dabei, Euch zu lehren, nicht an irgendwelche Wunder zu glauben.

Wir waren damals mit dem kleinen roten Fiat Panda unterwegs. Auf dem Land, wo wir zu der Zeit wohnten, gab es oft kilometerweit keine Tankstelle, außerdem machten die Tankstellen abends pünktlich zu. Nicht so wie hier in Hamburg. Hier haben sie die ganze Nacht auf.

Damals habe ich die Tankstellen verflucht und war ärgerlich. Ich habe mich dabei auch über mich selbst geärgert, weil ich, in Hamburg aufgewachsen, mich ein-

fach nicht daran gewöhnen konnte. Heute aber denke ich, wir hätten diese Erfahrung nicht gemacht, die uns immer noch Glücksgefühle schenkt und den Glauben, dass wir damals den Fiat Panda mit unserem Willen nach Hause gebracht haben. Oh Mann, und was hatte ich für Angst, mit Euch drei Kleinen in der Pampa stehen zu bleiben.

Ich ärgerte mich, dass der Tank so gut wie leer war, und auch Ihr habt gemerkt, dass ich mir Sorgen machte. Wir starrten alle ständig auf die Tankanzeige. Also fing ich an, so wie ich es ja öfter machte, mit dem Auto zu sprechen. »Los, lieber Panda, bring uns noch nach Hause und dann kannst du dich ausruhen.«

»Komm schon, mach nicht schlapp!« Und vielleicht wegen Eurer Angst, oder weil die Situation auch irgendwie komisch war, habt Ihr mitgemacht. Wir vier feuerten das Auto an, aber auch uns! Und immer wieder schaute einer von Euch auf die Tankanzeige und sagte dann laut, als wäre es ein Wunder: »Er fährt immer noch! Er fährt ooooohne Benzin!«

Und wir freuten uns und lobten unseren Panda. Dazu muss ich erwähnen, dass die Tankanzeige wirklich schon weit unter dem letzten Strich war und bislang hatte sie immer sehr gut funktioniert. Aber Ihr kennt ja unsere Erfolgsstory!

Wir waren damals in unserem kleinen Auto eine Einheit. Wir wollten unser Ziel unbedingt erreichen, und obwohl wir nicht tanken konnten, schafften wir es bis nach Hause. Wir schafften es, und an diesem Abend waren wir alle fest davon überzeugt, dass wir es nur mit unserem Willen, und weil wir das Auto angefeuert hatten, geschafft haben. Als wir auf die Wiese vor unserem

Grundstück rollten, ich den Zündschlüssel umdrehte und die Scheinwerfer erloschen, waren wir euphorisch, und lobten unser Auto und uns. Wir waren so stolz, und das Auto ist zu einem Familienmitglied geworden. Für uns war es ein kleines Wunder! Vielleicht könnte uns jemand mit Fachwissen erklären, warum das Auto noch fuhr, aber er war nicht dabei, hat diese Gefühle nicht geteilt. Heute, sieben oder acht Jahre später, beim Schreiben dieses Briefes erinnere ich mich ausgerechnet als Erstes an dieses Erlebnis.

Auch wenn wir das Auto schon lange nicht mehr haben, es irgendwann verschrotten mussten, bleibt es in dieser Geschichte lebendig und beschert uns eine wunderbare Erinnerung, und dann erinnern wir uns auch an diese wunderbaren Gefühle, die wir in dieser Situation hatten. Und wer weiß, was aus dem verschrotteten Auto geworden ist, vielleicht die Dose, aus der Ihr Euer nächstes Getränk trinkt.

Jetzt fragt Ihr Euch vielleicht, was ich mal wieder mit so einer Geschichte sagen will.

Nun, ich möchte Euch damit sagen: Auch wenn unser kleiner Wagen alt, rostig und voller Beulen war, der rote Lack mit den Jahren stumpf geworden, war es dieses Auto, das uns sicher nach Hause gebracht hat. Es ist also gar nicht wichtig, ob du den Anschein erweckst, dass du etwas kannst. Es ist nicht wichtig, ob du große Sprüche reißt, als Mercedes oder Ferrari um die Ecke kommst, es ist einzig wichtig, dass man sich auf dich verlassen kann, wenn der Moment es erfordert. Dass deine Familie und Freunde dich schätzen und wissen, was du kannst. Manch einer, der nach Kraft und Willen aussieht, gibt im Leben als Erster auf.

Kein Mensch ist perfekt, aber es wird einen Menschen geben, für den Ihr perfekt seid, vielleicht nicht immer, aber Ihr werdet im richtigen Moment da sein und diesen Menschen und Euch ans Ziel bringen. Weil ich weiß, dass Ihr die erforderliche Kraft und den Willen dazu habt. Es wird Menschen geben, die Eure Macken und kleinen Angewohnheiten lieben, weil sie Euch ausmachen.

Natürlich hat man auch Momente, in denen man sich wirklich dolle ärgert, und dann ist es auch gut, seinem Ärger Luft zu machen. Es gibt aber auch Situationen, in denen es einen nicht weiterbringt, verbittert oder negativ eingestellt zu sein. Das bringt dich selbst und die anderen nicht weiter. Und das haben auch wir damals gemerkt, als der Tank leer war. Lautes Fluchen und Angst vor dem, was eventuell im schlimmsten Fall passieren könnte, nützen meist gar nichts und machen dich nur ängstlicher und die Situation aussichtsloser. Stattdessen kann es nützen, wie in unserem kleinen Abenteuer, sich gegenseitig anzufeuern und die schlechten Gedanken mit einem »Das schaffen wir« und »Los geht's« zu vertreiben.

Und dann wäre da noch die Erkenntnis, dass nicht alles, was schlecht anfängt und schlecht aussieht, auch in einer Katastrophe enden muss. Manchmal zählen die Erfahrungen, die negativ begonnen haben, zu den schönsten und auch wichtigsten. Das fängt schon bei den kleinen Dingen an. Wenn man zum Beispiel ein fremdes Gericht probiert. Und feststellt, dass man gegrillten Tintenfisch nicht mag, dann ist man zumindest um diese Erfahrung reicher. Man hat es versucht und wer weiß, wofür es gut war. Oder man wird zu einer

Party eingeladen, hat aber gar keine Lust, dort hinzugehen. Wenn man sich dann trotzdem aufrafft, kehrt man oft glücklich nach Hause zurück, denn es war ein besonders toller Abend, an dem man vielen interessanten Menschen begegnet ist.

Es gibt Menschen, die sehen in etwas nur Müll oder vergammeltes Holz zum Beispiel, während andere darin ein Kunstwerk sehen oder einen wunderschönen Tisch. Diesen anderen Blick braucht man im Leben, er macht das Leben schöner. Deshalb wünsche ich mir für Euch, dass Ihr immer das Besondere erkennt und daran festhaltet. Aber auch wenn Ihr das Besondere mal nicht seht, dass Ihr dann dem anderen seine Vision lassen könnt und offen bleibt für etwas, das Euch fern ist.

Aber das Allerwichtigste ist, zusammenzuhalten, gemeinsam an etwas zu glauben und zusammen stark zu sein. Auch wenn Ihr das jetzt, in der Pubertät, nicht so empfindet, am liebsten Eure Ruhe haben wollt und die Geschwister Euch eher nerven. Habt noch etwas Geduld, und dann werdet Ihr sehen, dass Ihr, als Familie, nie allein sein müsst. Deshalb ist es auch so wichtig, für jemand anderen mit zu glauben, wenn er keine Kraft mehr hat oder ihm die positiven Gedanken und Gefühle fehlen. Allerdings ist auch manchmal ein gut gemeinter Arschtritt nicht von Schaden. Ich habe erkannt, dass man mit seinen Gedanken eigentlich alles beeinflussen kann.

Ich wünsche mir, dass Ihr Euch immer wieder an solche Momente wie an unser Erlebnis mit dem Fiat Panda erinnert und dass Ihr in vergleichbaren Situationen nicht nur darauf guckt, dass der Tank leer ist und dann

glaubt, dass Ihr nicht ankommt, Euer Ziel nicht erreicht.
Ich wünsche mir, dass diese Krankheit Euch nicht vorführt, was man alles nicht schaffen kann, dass man gar seine Ziele nicht erreicht.
Letztendlich kann man heute doch noch gar nicht sagen, was das Ziel ist, und wenn man meint, es zu kennen, kann es morgen schon wieder ein ganz anderes sein.
Ich wünsche mir, dass Ihr Euren Wagen nicht gleich an den Straßenrand stellt und den Abschleppdienst ruft, sondern, dass Ihr auf Euer Bauchgefühl hört und im richtigen Moment an und über Eure Grenzen geht.
Ich wünsche mir, dass Ihr Freunde habt, dass Ihr lebt, liebt und geliebt werdet, und vor allem, dass Ihr glücklich seid.
Ich hoffe, dass ich Euch oft genug das Gefühl gegeben habe, dass Ihr genau so richtig seid, wie Ihr seid. Dass ich Euch oft genug gelobt habe, Euch bestärkt habe und dass Ihr wisst, wie sehr ich Euch liebe.
Aber ich hoffe auch, dass Ihr von mir gelernt habt, dass es Momente gibt, in denen man in einem gesunden Maß an sich selbst denken muss. Dass man neben allen guten Gedanken trotzdem Ellenbogen braucht in dieser Welt. Dass man nicht alles mit sich machen lassen darf und es sich dann »positiv denkt«. Man sollte nicht alles, was einem nicht gefällt, runterschlucken. Sag, wenn du unzufrieden bist, sag, wenn du etwas anders haben möchtest, sag, wenn du dir etwas anders vorgestellt hast. Sag ruhig, wenn du enttäuscht bist. Übe Kritik, aber nimm auch Kritik an! Bedank dich, wenn etwas für dich getan wurde oder wenn du etwas be-

kommen hast. Sei dankbar, aber sei nicht abhängig von jemandem oder einer Sache. Und sei dir sicher, dass du auch mit dir allein zurechtkommst. Lerne, allein glücklich zu sein, denn kein Mensch auf der Welt kann dich (für) immer glücklich machen, und das ist auch nicht seine Aufgabe.
Finde den richtigen Moment, wenn du Hilfe brauchst, und habe dann keine Scheu, um Hilfe zu bitten. Rufe zur richtigen Zeit, spätestens, wenn der Tank tatsächlich leer ist, einen Abschleppwagen. Sei für andere da, habe keine Angst davor, auch nach Enttäuschungen, deine Hilfe anzubieten, aber bringe weder dich noch deine Familie in Gefahr.

Habe Träume und halte an ihnen fest und bewahre dir deine Wunder und Erinnerungen.
Erinnerungen sind so wichtig. Es sind die Geschichten, die du anderen erzählst. Mit denen du andere zum Lächeln bringst oder zum Staunen, mit denen du Mut machen kannst und vielleicht auch jemanden vor einem Missgriff bewahren. Erinnerungen haben die Macht, jemanden wieder zu dir zurückzuholen, der weit weg ist. Sie können dir Gefühle und Momente zurückgeben, und egal, wie allein du bist, in deinem Bett oder in der Welt, egal, wie dunkel es ist, in der Nacht oder in deinen Gedanken, sie können alles wieder bunt und lebendig machen. Und dir in einem klitzekleinen Moment zeigen, wie schön alles sein kann. Manchmal sind Erinnerungen aber auch Erfahrungen, und dann können sie dich auch beschützen.
Erinnerungen bewahren die großartigsten Momente. Du brauchst keinen Koffer für sie, keinen Aktenordner.

Du hast sie immer dabei. Sie müssen nicht nach einem Schema geordnet sein, es geht nicht darum, wie viel du davon hast oder ob du mehr hast als ein anderer. Sie sind in dir, und die Menschen, mit denen du das Erinnerte erlebt hast, auch.

Ich muss gestehen, dass ich erst mit dieser Krankheit erkannt habe, wie wichtig schöne, gemeinsame Erinnerungen sind. Dass man manches nicht wiederholen kann und vieles, das man unbewusst getan hat, irgendwann einmal vermisst.

Und so bin ich jetzt zu einer Erinnerungsjägerin geworden, aber auch zu einer Erinnerungshüterin. Und Ihr seid meine Komplizen.

Ich weiß, dass ich nicht alles richtig gemacht habe. Ich habe Fehler gemacht. Es wäre vermessen, wenn ich jetzt schreiben würde: Ich hoffe, Ihr habt daraus gelernt. Ich entschuldige mich bei Euch für meine Fehler, unter denen ja meist Ihr habt leiden müssen: Es tut mir unendlich leid!

Wisst Ihr noch, wie Ihr mal zu mir gesagt habt, ich sei irgendwie nicht wie andere Mütter? Und wie ich Euch geantwortet habe, dass ich das ja mal ändern könnte? Ich weiß nicht, ob wir es zwei oder drei Tage durchgehalten haben, aber sehr glücklich waren wir alle nicht dabei. Es ist eben nicht alles, eine Ausbildungsversicherung zu haben und eine Mutter, die zwar alles ordentlich und gewissenhaft macht, aber dabei ihre Persönlichkeit vergisst und die Freude am Leben.

Ich lebe gerne, habe Spaß am Leben und ich bin sehr dankbar, dass ich Euch habe.

Ich bin sehr, sehr stolz auf Euch.

Ich habe oft überlegt, was ich Euch hinterlassen kann. Aber so, wie es aussieht, werden das weder Vermögen noch Immobilien sein. Es wartet kein großes materielles Erbe auf Euch. Aber ich hoffe, dass ich Euch die Liebe zum Leben weitergeben konnte, Kraft, Stärke, Zuversicht und, ganz wichtig, die Gabe, positiv zu denken, zu lachen und zu kämpfen. Zu lieben und den Mut, sich lieben zu lassen.
Es wird Momente geben, in denen Angst, Trauer und Verzweiflung bei Euch sein werden, dann haltet Ausschau nach meiner Freundin Hoffnung, die für Euch da sein wird. Denn sie ist schon jetzt für uns da! Achtet darauf, dass immer ein Funken Hoffnung in Euch brennt und die Tür zu Eurem Herzen ein Spalt offen ist.
Meine drei Jungs, Ihr seid für mich wie Kolibris.
Meine drei Kolibris.

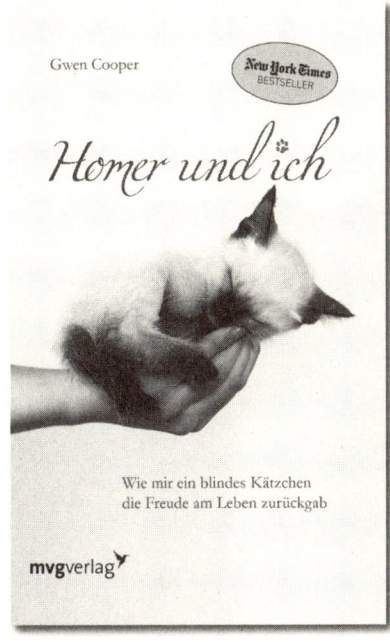

Gefangen im eigenen Land

288 Seiten
Preis: 17,99 € (D) | 18,50 € (A)
ISBN 978-3-86882-219-9

Katja Schneidt

GEFANGEN IN DEUTSCHLAND

Wie mich mein türkischer Freund in eine islamische Parallelwelt entführte

Katja Schneidt ist eine junge, moderne, selbstbewusste Frau, die ihr Leben liebt und jede Menge Spaß hat. Bis sie Mahmud kennenlernt. Sie verlieben sich, ziehen zusammen und Mahmud zeigt sein wahres Gesicht – das Gesicht eines Tyrannen. Katja Schneidt wird als Deutsche mitten in Deutschland Teil einer fundamentalistischen Parallelgesellschaft. Sie darf das Haus nur mit Einwilligung Mahmuds verlassen, muss Kopftuch und lange Kleidung tragen und wird brutal misshandelt. Erst als sie zum wiederholten Mal halb tot geschlagen wird, sammelt sie all ihren Mut und flieht, um Mahmud anzuzeigen, gegen ihn vorzugehen und damit zur Geächteten zu werden, der bis heute die Blutrache von Mahmuds Familie droht.

mvgverlag